ナマケモノでも「幸せなお金持ち」になれる本

あくせく働かずに
豊かな暮らしを実現させる
134の法則

英治出版

あなたは〝なまけもの〟ですか?
でも、だいじょうぶです。
この本を読めば、あなたも
〝幸せなお金持ち〟になれます。

THE LAZY PERSON'S GUIDE TO SUCCESS

by

Ernie J. Zelinski

ナマケモノでも
「幸せなお金持ち」
になれる本

目次

第6章　成功の喜びは、そこに至るまでの過程にある

序章

世の中には、眉に唾をつけて聞いたほうがよさそうな格言がいくつも存在する。そのひとつが、〝一生懸命働けばかならず報われる〟というものだ。

実際の話、これほど真実からかけ離れた言葉はない。西欧諸国では大勢の人たちが何年にもわたって長時間労働にいそしんでいるが、報われたという実感を持つことなど夢のまた夢だ。さらにいうなら、発展途上国ではより長時間の苛酷な労働が日常化しているが、その結果として人々が手にするものといったら無に等しい。

たしかに、豊かさという点では現代ほど恵まれている時代はない。しかし、新聞や雑誌を開けば、過労によるストレスや心の病気についての記事があふれている。まともな頭の持ち主なら、疑問を抱いてしかるべきではないだろうか。いったい、どうなってるんだ？

体だけでなく心まで病んでしまうような生きかたは、何かが間違っているんじゃないか、と。残念ながら現代人の多くは、労働は美徳という考えにがんじがらめになっているために、仕事一辺倒の生きかたがどれほど心身をむしばんでいるか自覚していない。

本書の大前提となっているのは、身を粉にして働いても満足な結果にはつながらず、むしろ過労や挫折感、そして過剰なストレスを引き起こすだけだという考えだ。

不幸にしてわれわれ現代人は、仕事以外のことはすべて犠牲にして長時間わき目も振らずに忙しく働かなければ成功できないという考えに慣らされてしまっている。

問題は、一日に十時間あるいは十二時間も仕事をしていたら、人生の喜びや満足感を味わう時間、つまり、生きがいを感じられる時間がなくなってしまう点だ。

多忙な時代といわれる現代、ほとんどの人はいつも時間に追われて、疲労困憊に近い状態だ。格言には反するかもしれないが、そんなふうに働く必要はない。

本当の話、時間はたっぷりある。みんな意味のない活動に時間を浪費し、成功や幸せにはつながらない目標に向かって無駄な努力をしているだけなのだ。

今日では、金銭や物質の豊かさが幸せの象徴とされて、生きかたそのものより重視されがちだ。そんな偽りの象徴を追い求める姿勢自体が、大きな不幸を生みだすもととなっている。

人間としての生きかたそのものより、金銭や物質の豊かさが優先される環境では、人は幸せになれない。いうまでもなく、不幸な人生を送っている人間を成功者とは呼ばない。

忙しい日常のなかでは忘れられがちだが、倒れるまで働くのが当然という、現代の西欧社会に広く浸透している生きかたがすべてではない。人生の質の向上に役立つことだけを追求するというもうひとつの選択肢もある。実のところ、**人生で本当に大切なことはそれほど多くない。**

しかし、その本当に大切なことが、成功や幸せを手に入れるうえで、人々が考えている以上に大きな役割りを果たすのだ。同様に、それ以外のあれやこれやは、人々の思い込みに反して、人生の満足度にあまり関係がない。

不幸への道に人を導くのは、無意味で不要なあれこれを追い求めずにいられない心のありようだ。はっきりいって、そういう生きかたでどれだけがんばろうと、手に入るのは、長ったらしい肩書き、りっぱな邸宅、派手な車、トレンディーな暮らしといったところがせいぜいだ。くどいようだが、人生で本当に大切なことはそれほど多くない。

ナマケモノが「幸せなお金持ち」になるために①

どんな偉大な発明や発見も
きっかけはちょっとした思いつきだった。
ちょっとした思いつきなら、誰の頭のなかにもある。
だが、その思いつきを意味のある何かに発展させられる人は少ない。
あなたはどうだろうか？

本当に大切とはいえないものを人が追い求める理由は、ひとつには、世間のみんながそうしているからだ。しかし、周囲と足並みをそろえようとするのは、一般に思われているよりはるかに厄介で無価値な行為だ。

毎日を忙しく過ごすことによって一種の満足感を得ることはできるかもしれないが、そんな生活をいくらつづけても価値ある業績にはつながらないし、達成感を得ることもできない。悪くすれば、本来得られるはずだった結果さえ取り逃がしてしまう。

まあ自分は世間並みだろうと考えている方は、どうでもいいことに多くの時間を取られ、本来力を注ぐべき活動に十分な時間を注いでいないということになる。

どんなに長い時間一生懸命に働いても、やるべきことが間違っていたら何もならない。本当になすべき仕事であれば、短時間従事するだけで、人類の九十五パーセントがいまだかつて経験したことのない成功や幸せをつかむことができる。

信じられないかもしれないが、今より少ない労働時間で、より大きな収入と楽しい毎日を手に入れることが可能なのだ。

肝心なのは、体でなく頭を使うこと。多くの場合、長時間労働は時間の浪費でしかない。発想力や独創力を駆使して何かを生みだしてこそ、時間を有効に使ったといえる。長時間労働は成功をもたらさないばかりでなく、能力の無駄遣いにもつながる。

いうまでもなく、重要なのは持てる能力をどう活かすかだ。

自分の財産といえるもの、たとえば、時間、体力、独創力、熱意、資力、根気、そして勇気を賢く利用してこそ、成功と幸せははじめてあなたのものになる。

急ぎの仕事は暇な人間にまかせたほうが早く仕上がるという説があるが、本書がめざしているのは、そういう意味での暇人だ。


無為にだらだらと時間を過ごすだけの、怠惰な暇人になることをお勧めしているわけではない。

反対に、多忙な人間より暇な人間のほうがより高い生産性をあげることができるというのがわたしの持論だ。生きがいのある人生は、暇とゆとりのある生活によってもたらされる。


ナマケモノが「幸せなお金持ち」になるために②

ここだけの話、本当に大切なことはごくわずかだ。

どうでもいいことにかまけて本当に大切なことを捨て置くのは大きな誤りである。

本書では、みずからの意志で暇の多い生活を選択し、時間を有効に使う人間を〝幸せなお金持ち〟と呼ぶ。〝幸せなお金持ち〟になれば、過労を引き起こすほどの苛酷な長時間労働に別れを告げて、成功をわがものにできる。

即座には信じがたいかもしれないが、今日の西欧社会で主流となっている〝仕事がすべて、遊びは二の次〟というやりかたに比べて、**〝幸せなお金持ち〟の法則に従うほうがむしろ容易なはずだ。ものは試し、あなたもこの方法を実践してみれば、望む結果が苦労せずに手に入ることをきっと納得していただけると思う。**

〝幸せなお金持ち〟の法則はきわめて基本的なものばかりだが、だからといって、実践するのも簡単かというと、それは少し違う。

熱意を失わずに、不断の努力をつづける覚悟が必要だ。しかし長い目で見れば、これまでのやりかたに比べてはるかに楽に大きな成功を手に入れることができるのは確実だ。

当然ながら、これまでより暇の多い生活をしながら高い生産性を維持するには、知恵と独創力が不可欠である。

要は、労働時間の多少でなく成しとげた成果に焦点をあてることだ。

そうすることによって、収入の額も、生活の質も、驚くほど向上する。

人生で何が大切か、何が大切でないかを賢く判断することがきわめて重要だ。その際、現在かかわっている仕事や活動だけでなく、将来の目標をも視野に入れなくてはいけない。

もしかしたら、今あなたが体験している苦労は将来においても実を結ばないかもしれない。いい替えれば、あなたが現在目標にしているものは、たとえ達成できたとしても、人生の満足感と幸せをもたらしてくれるとはかぎらないのだ。

自分にとっての幸せとは何かという問いに対する答えが出たら、あとはそれをいかに効率的に手に入れるかだ。

これは同時に、最高の結果を引きだすためにはどんな活動や仕事をすべきかという問題につながる。

ナマケモノが「幸せなお金持ち」になるために③

成功の条件と考えられていることは、多くの場合、あまり意味がない。
人々が気づいていないもののなかに、重要な要素が隠れている。
成功の秘訣は、大切なものとそうでないものとを見分ける目を持つこと。
それができれば、天才どころか救世主になれる。

好きなことや得意な仕事に費やす時間が多ければ多いほど、理想の人生は手に入りやすくなる。同様に、嫌いなことや苦手な仕事に費やす時間はできるだけ減らしたほうがよい。

本書で示されている提言のなかには、分別のある人間なら当然だと思うようなことも数多く含まれている。たしかに、常識で考えればわかることばかりだ。

このことが逆に、一般に受け入れられない一因になっている。

なぜか人間は、常識で考えればわかるような明瞭な事実から目をそむけたがるものだ。

おそらく、人生をより複雑にすることを心のどこかで望んでいるのだろう。

そのほうが、より重要な人間になったように思えるからだ。

人生をもっと複雑にしたいという風変わりな願望をお持ちの方はともかく、楽な方法で富と幸福を手に入れたい方々にとって、〝幸せなお金持ち〟の法則はきっとお役に立つはずだ。

この方法を実践すれば、より多くの成功が自分のものになるだけでなく、現代人がめったに手に入れることのできない自由を手にすることができる。

本書の読みかたには三つの方法がある。まず、本文と法則を並行して読んでいくやりかた。左ページの端には、本文の内容が法則としてより簡潔な言葉でまとめられている。二番目は、法則だけを読んでいくやりかた。時間がない方は、この方法によってすばやく本書の要点を把握することができる。三番目は、全体を最後まで読み終えてから、もう一度法則を読んで内容を再確認するやりかただ。

どの方法を選ぼうと、この本から学んでいただきたいのは、あなた自身が考える成功への道だ。〝幸せなお金持ち〟の法則は、職場でも、家庭でも、どんな場所でも応用が利く。

だまされたと思ってお試しあれ。労働時間を減らし、人生をもっと楽しむことによって、独創力や洞察力が豊かになり、仕事の生産性が向上し、毎日が楽しくなり、より多くの富と幸せがあなたのものになる。

ナマケモノが「幸せなお金持ち」になるために④

人間の得意技のひとつは
現実とは似ても似つかないものを現実と認識すること。
だから、ものを見るときはくれぐれも慎重に。
誤った認識はごまかしにすぎない。
そこから人生におけるありとあらゆる問題が生まれる。

思考が人をつくる。
──仏陀──

富とは豊かな思考力の所産である。
──エイン・ランド──

忙しがっているだけでは意味がない……問題は、忙しさの中身だ。
──ヘンリー・デイヴィッド・ソロー──

成功とは相対的なものだ。失敗から学びとることもできる。
──T・S・エリオット──

うっかりすると、刺激と興奮に彩られた世界を外から眺めるだけで終わってしまう。
鎖につながれて毎日を送りながら、
自分の手のなかに鍵があることに気づかない者がなんと多いことか。
──イーグルズ──

個人の自由を確立するうえでの最大の敵は、本人の意識だ。
──ソール・アリンスキー──

多忙という威厳をまとった怠惰に、人は何よりもたやすく引きつけられる。
──サミュエル・ジョンソン──

重労働は理想化されるようなものではない。
大地に鍬を入れる前に、まず理想の上着を脱がなければならない。
苛酷な労働に励めば励むほど、頭のなかの理想主義はやせ衰え、心は暗黒になる。
──D・H・ロレンス──

成功の秘訣は、本気で取り組むこと。失敗の秘訣は、がんばり過ぎること。
──マルコム・フォーブス──

知者はその知恵を閑中に得る。ゆえに、多くの仕事を持たない者が賢人となる。
──旧約聖書外典『ベン・シラの知恵』三十八章二十五節──

成すに値することなどめったにないし、言うに値する言葉もめったにない。
──ウィル・デュラント──

金自体を目的に生きている人間ほど、哀れで卑しい存在はない。
──ジョン・D・ロックフェラー──

蛇が苦手なら、恐怖症を克服するより、蛇に出会わないようにすべきだ。
──リチャード・コッチ──

黙々と鋸を動かしていないと怠け者と呼ばれるが、
その心は天国の高みにあるかもしれない。
──ヘンリー・デイヴィッド・ソロー──

第1章

成功したいなら だらだら働かずに頭を使おう

成功は高くつく

この章のみならず、本書全体を貫く考えかたに慣れていただくうえで、おあつらえ向きの小話がある。

毎日をのんびり気楽に過ごしていながら、自分ももっとまじめに働いていたら今ごろは大富豪になっていたのになどと愚痴をこぼす人に、わたしはいつもこの小話を聞かせることにしている。

すると、それまで不満をいっていた人間がハッとわれに返って、自分の生きかたをふたたび肯定的に見られるようになる。きっとあなたにも効き目があるに違いない。

ニューヨークに住む裕福な企業家が、コスタリカの海辺の町へ二週間の休暇を過ごしに出かけた。彼は現地に到着したその日に、地元の漁師から買った魚の、えもいわれぬ味わいにすっかり魅せられた。

翌日、波止場でふたたび漁師と出会ったが、その日の獲物はすでに全部売り切れていた。

どうやら漁師は、とびきり上等の魚が大量に獲れる穴場を知っているらしいが、一日に獲るのは五尾か六尾に決めているという。

なぜもっと熱心に働いてたくさんの魚を獲らないのかと、企業家は尋ねた。

「そうはいっても、だんなさん」と漁師は答えた。

「今の生活なら、毎朝九時か十時までのんびり寝てられるし、そのあとは子どもたちと遊んで、それから一、二時間ばかり漁に出ればいい。午後は一時間か二時間ほど昼寝して、夕方は早めに家族全員でゆっくりと晩飯が食える。それで夜になったら村へ繰りだして、仲間とワインを飲みながら、ギターを弾いたり歌を唄ったりして、毎晩楽しく過ごせるんですよ。やりたいことをやって何不自由なく暮らしてるのに、これ以上何が必要なんです？」

ナマケモノが「幸せなお金持ち」になるために⑤

正直にいって
勤勉さこそ美徳という格言はうそっぱちだと思ったことはないだろうか？
そのとおり、勤勉さは美徳ではない。
この事実を受け入れると、人生はがらりと変化する。

企業家はいった。

「もっと魚を獲りたまえ。そうすれば、きみの未来はばら色だ。いいかね、わたしはニューヨークから来たビジネスマンだ。きみの人生が今よりもっとすばらしいものになるように手を貸してあげよう。何を隠そう、わたしはハーバードでＭＢＡを取得した経歴の持ち主だ。ビジネスやマーケティングに関して知らないことは何ひとつない」

さらに調子に乗ってつづけた。

「バラ色の未来を実現させるには、まず、毎朝早起きをして夕方まで漁に励み、夕食後また漁に出ることだ。そうすれば、あっという間に金がたまって、もっと大型の船に買い換えることができる。二年もしたら、五、六隻の漁船を所有して、仲間の漁師たちに賃貸しできるようになる。それから五年もすればきみのもとに集まる莫大な量の魚を加工するための工場を持てるし、なんなら独自のブランドを立ちあげることだって可能だ」

漁師の困惑した表情を尻目に企業家は言葉を継いだ。

「さらに六、七年したら、ニューヨークでもサンフランシスコでも好きな都市に移り住んで自社製品の営業に専念し、工場は誰かに任せればいい。十五年か二十年もしっかり働けば、大富豪になるのも夢じゃない。そうなったら、あとは死ぬまで一日だって働く必要はないんだぞ」

「そしたら、何をすればいいんです？」

裕福な企業家は熱い口調でいい切った。

「そしたらメキシコかどこかの小さな村に移り住むことができるよ。毎日のんびり朝寝を楽しみ、村の子どもたちと遊んで、午後はたっぷり昼寝して、ゆっくりと夕食をとって、夜は仲間とワインを飲みながら、ギターを弾いたり歌を唄ったりして、毎晩楽しく過ごせるじゃないか」

この小話からわかるように、現代の西欧社会で成功者と見なされるには、心身の健康や家庭や友人との付き合いなど、じつに多くのものを犠牲にしなければならない。

現在の働きかたで人生を満喫しているなら、快適な暮らしを捨ててまで無理をして働く必要がどこにあるだろう。

ナマケモノが「幸せなお金持ち」になるために⑥

さらに、次の二点についてもじっくり考える価値がある。

西欧社会において、成功を妨げる最大の原因は努力不足だ。

だが、働き過ぎはもっと深刻な害を与える。

あなたの人生の目的には富や名声を得ることも含まれているかもしれない。

しかし、そういう目的を達成するためには時間や体力のほかに、毎日の生活のさまざまな面を犠牲にすることが求められ、予想以上のリスクを背負うことになる。

本書でも後に触れるが、価値あるものには何がしかの代償がつきものだ。しかし、一般に人生の目的と考えられていることがらのなかには、そこまで高い代償を支払う価値のないものもある。不思議な話だが、この点については発展途上国の人々のほうがよく理解しているようだ。

成功を手にするために支払う代償について、われわれはあまりに無頓着に過ぎる。経済誌『サクセス』は、企業家として成功を収めた人々の記事を長年にわたって特集してきた。そこでは、誰もがやすやすと経済的成功を収めたかのような筆致がつねに貫かれていた。

しかし実際のところ、紹介された企業家のほとんどは、長時間の労働に明け暮れ、家族とのだんらんを犠牲にし、親から引き継いだ財産を危険にさらし、心身の健康を損うなどの大きな代償を支払って成功を手にしているのだ。

ありがちなことだが、ここでも皮肉な事態が発生した。

アメリカ経済が過去に例を見ないほどの高景気に沸いた一九九九年、『サクセス』誌自身は経済的成功を獲得するための高い代価を支払いきれなくなった。

日本でいえば会社更正法に相当する、連邦破産法第十一章の適用を申請したのだ。

残念ながら、どれほど一生懸命働こうと、マスコミで取り上げられるほどの大成功を収められる人間はごくわずかだ。

ほとんどの人は自分が持っている技術や才能や熱意を正当に評価しないまま、たんに金や権力や名声を求めて投機的事業に飛びついたり、見栄えのよい職業につきたがったりする。

だが、仕事に対する熱意や喜びがなければ成功はおぼつかない。

今、この瞬間にも、大富豪をめざしてがんばっている人は何万人もいるだろうが、目標を達成できる人はほとんどいない。

ナマケモノが「幸せなお金持ち」になるために⑦

禅の世界では、自分は何者で何のために生きているのかを突き詰めて考えることが求められる。
そもそも仏陀とは、〝悟りの境地に達した人〟を意味する。
大切なのは、自分が何をすべきか慎重に選ぶことだ。
選択が誤っていれば、たとえどれほどの成果をあげようと成功と幸せは手に入らない。

何年も地下室にこもって商品の開発に明け暮れたり、事業計画を練り直したりして、ベンチャー資金獲得のための努力をつづけても、結局は立ちいかなくなってしまう。

大富豪を夢見るなら、たんに金儲けだけを目的とするのでなく、自分の個性や好みに合った仕事を選ぶべきだ。そうすれば成功率もぐんと上昇する。

人々が追い求める目標のなかには、一見魅力的に映るものの、長い目で見ると人生に逆効果を与えかねないものが多い。身を粉にして働けば、いつかは富や成功が手に入るかもしれない。だが、そのために支払わねばならない代償は大きい。

問題は、その代償を支払う覚悟があるかどうかだ。ある、と口でいうのは簡単だが、実際に待ち受けている状況の厳しさは並たいていのものではない。

富と名声への道は、予想以上に高くつく。時間や金や熱意のすべてを金儲けのために注ぎ込み、楽しみやぜいたくはすべて犠牲にしなくてはならないのだ。

金儲けが人生の最終目標になったら、独創力を発揮できるような趣味を持ったり、社会活動に参加したり、家族でどこかへ出かけたりする時間を持つのはまず無理だ。さらに、そういう生活をつづけていれば、配偶者として、また親としての義務や責任をはたせなくなる。

金銭だけにとらわれていると、人間としての品位や誠実さまで影響を受けかねない。

あなたには、そこまでの代償を支払う覚悟があるだろうか？

それだけではない。健康、自由、そして自尊心までもがそこなわれるのだ。

このほかに、さらに長期にわたる代償もある。

平均的な労働時間が七、八時間であるのに対して、一日に十八時間も働いていては、人生の究極の目的であるはずの幸せは決して得られない。

名声と富を手に入れた人の多くが、働くことのみに費してきた人生を後悔している。

ナマケモノが「幸せなお金持ち」になるために⑧

人の働きかたには三つのタイプがある。
一番目は〝幸せなお金持ち〟。
高い知性と独創力を持ち
そこそこの時間だけ働いて、多くの成果をあげる。
二番目は〝仕事中毒〟。がむしゃらに働くが、成果は少ない。
三番目は役立たず。これ以上の説明は無用。
あなたがなりたいのは何番目？

いや、人生に何を求めるべきか自分でも理解できていない神経症の人たちの話ではない。知性や分別に富み、社会で大きな尊敬を得ている人たちが、そんな苦い思いを味わっているのだ。

たとえば、有名な投資家のジョージ・ソロスという人物がいる。得意の財政知識を活かして、彼はおよそ五十億ドルの資産を築いた。それでも、長年夢見てきた分野で成功できるなら、持っているものすべてを差しだしてもいいと発言している。

金儲けではなく、もっと知的な仕事に人生を捧げたいというのが彼の夢だったのだ。

カナダの『ナショナル・ポスト』紙の記者に、ソロス氏はこう語った。

「もし哲学者として第一人者になれたら、心からの満足を味わえたことでしょう」

その夢が実現するなら全財産を投げだしますかと問われて、即座に答えた。

「ええ、もちろんですとも」

ジョージ・ソロスのような例は珍しくない。一生懸命働いてかなりの財産を築きあげたものの、こんなはずではなかったと嘆く人は世間にいくらでもいる。

買い集めたぜいたく品のほとんどが実際には不要で、仕事に費やしてきた時間をほかのことに使っていればもっと人生を楽しめたはずだと、彼らは遅ればせながら気づいたのだ。

世の中には、金銭で計れないものがある。

そのひとつが、ストレスのないゆったりとした毎日だ。いつか遠い将来に手に入るかもしれない多少の富のために、現在の快適な暮らしを犠牲にするのは、あまりにばかげている。

現在の幸せを犠牲にして長時間労働に明け暮れる生きかたがすべてではない。

選択肢はもうひとつある。それは、今、目の前にある毎日を満たされたものにすることだ。

自分が楽しめる何かを職業に選び、それと同時に、独創力を発揮できるような趣味に多くの時間を費やしてみよう。

だがそのためには、現在の多忙な生活に別れを告げ、それでいて生産性の高い人間に変身する必要がある。


ナマケモノが「幸せなお金持ち」になるために⑨

何もしないでいることを後ろめたく思ってはいけない。

暇人は何の役にも立たないという考えは人々が心のなかに設けた枷のようなものだ。

実際は、その反対である。

暇人とは、嫌いなことをできるだけやらずにすませ自分が楽しめる活動に多くの時間をあてる人間のことだ。

社会通念に縛られていては、幸せな人生は送れない

一九一九年、ロンドンの新聞社に勤めていたキャッスルロス卿は、毎日のように職場に遅刻することをとがめられて、こう反論した。

「そのぶん、早く帰ってるじゃないか」

あなたはどうかわからないが、わたしはこの男の生きかたを好ましく思う。

遅く出勤して早めに帰ることによって、彼は哀れな仕事中毒にならずにすんだのだ。

おそらくこの時代の勤め人としては、誰よりも豊富な余暇の時間に恵まれていたことだろう。

バランスのとれた暮らしのコツを、彼は現代人よりよく理解していたのだ。

現代人のかかえる大きな問題のひとつは、今という瞬間を楽しむすべを知らないことだ。

キャッスルロス卿を見習って、もっとのんきで気ままな生きかたに徹すれば、人生は驚くほど楽しいものになる。二十一世紀の幕開けを目前にして、西欧諸国の多くはかつてないほどの長期にわたる高景気に沸いていた。

ところが、平均的な会社員だけでなく専門職のエリートやエグゼクティブのあいだにも士気の衰えや無力感が蔓延し、生活の質の低下が起きているという記事が新聞や雑誌に載らない日

はなかった。

実際、労働者の疲労度は年ごとに増加し、人生への満足度は減少していることが、統計からも裏づけられている。

現在、景気は悪化への道をたどっているが、労働者の置かれている状況は相変わらずだ。働き者のアメリカ人に尋ねれば、おそらく週に六十時間から七十時間の勤務は日常茶飯事だという答えが返ってくるだろう。

そこまで働けば肉体だけでなく精神的にも燃え尽きて、無力感や絶望感に襲われるのは必至だ。

ナマケモノが「幸せなお金持ち」になるために⑩

臨終の際に多くの人が悔やむのは
自分がしてきたことではなく、してこなかったことだ。
そのひとりになりたいなら
自分の歌を唄うのをやめて世間の合唱に加わるといい。

悲しむべきこの状況は、労働者のひとりひとりが生きている実感を持てないことからもうかがえる。ろくに休みも取れないようでは、充実感のある幸せな人生とはお世辞にもいえない。西欧諸国で大成功を収めている人の多くが、自分自身に、また人生全般に満足できずにいる。そのうえ、とくにカナダと米国では、中流または中流の上に属する人たちが国をあげての制御不能ともいうべき買物熱に浮かされており、なかには苦しい経済状態に追い込まれるケースもある。

いったんそうなると、破産宣告を免れるために、いやでも現在の仕事をつづけなければならず、不満や挫折感から抜けだせなくなる。ひいては常識では考えられないほどの長時間労働を強いられ、友人や家族と過ごす時間はほとんど失われる。

自由になる時間をどうにかして見つけたとしても、借金で首がまわらないうえに、心身ともに疲れ果て、とても人生を楽しむまでの余裕はない。

富裕層のなかにも、経済繁栄がもたらしたライフスタイルにがんじがらめになって無理をしている人たちがいる。一見、豪勢な暮らしをしていても、彼らの人生はみじめだ。ためしにお屋敷町と呼ばれる界隈を歩いて、瀟洒《しょうしゃ》な邸宅の前庭で優雅なひとときを過ごしている人がどれだけいるかご自分の目でたしかめていただきたい。

大金持ちといわれる人たちは、えてして忙し過ぎて人生を楽しむ時間がないか、あるいは時間があったとしても楽しむことを知らないかのどちらかだ。低所得層同様、彼らもさらに多くの富と成功を求めてあくせくし、心の安らぎや満足感を得るにはほど遠い。

ほとんどの人は、自分が本来心の奥に抱いていた価値観や信念と、現在の生活とのあいだに大きな隔たりがあることに気づいてすらいない。

そして、子どもの誕生日や結婚記念日といった大切な家族の行事を忘れるという許しがたい過ちを犯すはめになる。

ナマケモノが「幸せなお金持ち」になるために⑪

周囲の人たちの言葉を鵜呑みにするのはやめよう。
世間の流れに身を任すのは愚かなことだ。
その先には、大きな失望と幻滅が待ち受けている。
他人のまねをしても、個人としての幸せや充実感は得られない。

わたしの見るところ、こうした哀れな状況を生みだす最大の原因は、世間と足並みをそろえなければならないという思い込みだ。

周囲に合わせようという本能がこれほどまでに強力なのは、そうすれば自分では何も考えなくてすむからだろう。悲しいことだが、大多数の人は自分の人生を他人にゆだねているのだ。

エーリッヒ・フロムは著書『自由からの逃走』（邦訳：東京創元社）でこう記している。

〝現代人は自分が何を買いたいか理解しているつもりだが、実際のところは、買うように仕向けられた商品を買っているにすぎない〟。

まさにそのとおりで、今日のような消費社会では、人々の購買行動は広告やマスコミによって支配されている。

大衆の多くは、本当の幸せをもたらすのは何かと考えることなく、このシステムにどっぷりとつかっているだけだ。

結局のところ、世間の動向に疑問を抱いて自分だけ違う道を歩くより、みんなと足並みをそろえて生きるほうがはるかに楽なのだ。

現代社会において、いわゆる成功を手に入れるにはふたつの道がある。

ひとつは、組織内にとどまって長時間労働をつづけること。

もうひとつは、組織から完全に抜けだして自由な時間を手にすること。

たしかに、どちらかを選べといわれても、ほとんどの人は答えに窮するだろう。

長時間の重労働は願い下げだが、組織を離れれば経済的な保証は失われる。

あなたの場合はどうだろうか？

世間の人たちと同様、経済的にはかなり豊かな暮らしを送っているかもしれない。

しかし、生活の安定や高い地位、そして物欲のためにどれだけ働いても、心の満足を得ることはできない。

いうまでもないが、仕事ばかりの毎日を過ごしていると、独創力を発揮できるような趣味や活動に打ち込める時間が失われ、精神的な飢えを感じるようになる。


ナマケモノが「幸せなお金持ち」になるために⑫

自分の道を歩みはじめると、人生はずっと楽になる。
世間並みという呪縛から自由になれば
ストレスのない充実した人生はあなたのもの。
常識にとらわれない奇抜な考えが浮かぶようになればなるほど望ましい。

自分では認めたくない真実を目の前に突きつけられたとき、人はたいてい気分を悪くするものだが、あえていわせていただこう。

かつて理想として思い描いていた充実した人生とはほど遠い毎日を送っているとしたら、その原因はあなたにある。

誰も、あわただしい毎日を強制してはいない。あなたが自分で選んだのだ。

つまり、肉体的な疲労も、精神のストレスも、すべてはあなた自身に責任がある。

すべては、世間並みでありたいという気持ちからきているのだ。人生にゆとりがなく恐慌をきたしそうだと感じているのはあなただけではない。みんなが同じような思いを抱いている。

たしかに、ひとりだけ違う行動をとるより、群れのあとをついて歩くほうが容易に見える。

だが、群れのあとをついていくには、それなりの危険があることを承知しておいたほうがいい。

人間は大勢集まると、ときに群集心理が働いて、とんでもない事態を引き起こすことがある。その結果、深刻な損害が生じても、誰も責任を取ってはくれない。

周囲の意見や風潮に左右されずに人生を歩んでいける人はきわめてまれだ。多くの人は、自分にしかない発想力や脳の奥に眠っている知恵を活用せずに、他人のまねをしているにすぎない。そういう人たちの仲間入りをする必要はない。

行動力も独創力もあり、自分でものを考えられる人間なら、周囲に合わせるのがかならずしも得策ではないことが理解できるはずだ。

群れがある方向へ向かったら、自分はそれ以外の方向へ進むことを考えたほうがいい。

お門違いの場所で幸せを探している大多数の人たちのまねをしても意味はない。自分にとって不要なばかりか、ほしくもない何かを追い求めるのは、時間や労力や金銭の浪費というものだ。

人生で本当に重要なことはごくわずかだ。

人々が重要だと考えているもののなかには、社会の仕組みや学校での教育、そして巧妙な広告によってそう仕向けられているだけのものもある。

ナマケモノが「幸せなお金持ちになる」ために⑬

あくせく働かずに豊かな暮らしを実現させる秘訣は世間一般でいわれる成功の定義を受け入れないこと。

成功という言葉を、自分自身で定義し直してみよう。

そうすることによって、成功に手が届きやすくなる。

しっかりと目を見開いて見直せば、そのほとんどは幸せで健康な暮らしとはなんの関係もないことがわかるはずだ。

大衆の動向を注意深く観察すればするほど、模倣の人生のはかなさが身にしみるに違いない。世間の流れに合わせたくなるのはわかるが、あなたにはあなただけの大切な夢や目的があることをつねに忘れないでいただきたい。

人生で何が重要かを決めるのはあなた自身であり、ほかの誰でもない。

かの有名なレオナルド・ダ・ヴィンチは、生涯で最高の傑作は何かと尋ねられて、「レオナルド・ダ・ヴィンチ」と答えた。

この点については禅の世界でも同様で、修行者が求められるは本来の自分と異なる何かになることでなく、より深い本当の自分自身を発見することだ。

物心ともに豊かで充実した暮らしを実現させるうえでおそらくもっとも困難なのは、世間の風潮に流されずに、自分だけの夢を追いつづけることだろう。

他人と競い、他人に認められようとしても、得るものは何もない。

他人の生きかたや持ち物をうらやむのは、自分自身を失うのと同じだ。

本当の自分でいるための秘訣は、あなたにとって何が必要かを知ることである。

ほかの人たちがどう思おうと関係ない。

今の人生を選び取ったのは自分だとはっきり自覚することが大切だ。

詩人のE・E・カミングはこういっている。

「あなたをほかの連中と同化させようと躍起になっているこの世の中で、ほかの誰でもない自分自身でいるためには、人間がかつて経験したことがない激しい闘いをつづける必要がある。

そして、決してあきらめないことだ」

ナマケモノが「幸せなお金持ち」になるために⑭

〝幸せなお金持ち〟になるには

気持ちを切り替えて新しい習慣を身につける必要がある。

まず第一に、自分にとって何が重要かを見定める意欲。

第二に、その重要な仕事を立派に行なう決意。

第三に、些末《さまつ》なことがらを切り捨てる思い切りのよさ。

最後に必要なのが

肩の力を抜いて、精いっぱい人生を楽しもうという姿勢だ。

成功への近道は、成功の意味を問い直すこと

人生で成功を収めるには、世間の人たちより少なく働き、頭を多く使うこと、これが本書の要点だ。ほかの人とは異なる視点でものを見る能力や発想力を磨くことによって、めざすべき目標のレベルや、そこに到達するための方法が見えてくる。

まず最初に真剣に考えなくてはいけないのは、あなたにとっての成功という言葉の意味だ。何を成功と見るかは、いうまでもなく、人によって異なる。同程度の業績を成しとげても、楽観主義者は自身を成功者と見なし、悲観主義者は敗残者と考える。

さらに、同じひとりの人間でも人生の時期によって成功のとらえかたは変化する。

成功を得がたいものにしている最大の要因は、周囲から押しつけられた成功のイメージに縛られることだ。友人や親戚や世間の人たちの言葉、それにマスメディアや広告の主張にいちいち耳を傾けていたら収拾がつかなくなるのも無理はない。

しまいには、すこぶるつきの魅力的な伴侶、完璧な家族、高収入の仕事、外国での休暇、豪華な邸宅、ぴかぴかの高級車といったものをすべて手に入れ、さらに退職後のための蓄えまで用意しなくてはという強迫観念に駆られるようになる。

そんな夢のような人生は絶対に不可能とはいわないまでも、実際にはきわめてむずかしい。それに、万一そのすべてを手に入れたとしても、自分自身が心から望んでいるものでなければむなしいだけだ。

理性ある人間なら、自分を成功へと導いてくれる近道に無関心ではいられないはずだ。成功への近道、それは成功の意味を問い直すことである。同じ結果が、考えかたひとつで成功にも失敗にもなるのだから。

ナマケモノが「幸せなお金持ち」になるために⑮

もしあなたが今よりもっと多くの成功と幸せを望むなら
次の質問にどう答えるだろうか。
成功とは何か?
幸せとは何か?
人生をより多くの喜びや安らぎで満たす秘訣は
このふたつの問いをつねに心に抱きつづけることだ。

人々が陥りやすいもっとも深刻な誤りは、自分なりの定義を打ち立てられないことだ。

わたしは自分にとって成功が何を意味するかを理解している。

あなたはどうだろうか。富や名声といった月並みな成功とは異なる、自分なりの成功の形がはっきり見えているだろうか。

明確な定義づけができていなければ、夢や目標を定めることもできない。

いうまでもなく、目標はほどほどのところに設定すべきだ。高望みは失敗のもと。

無理のない範囲に目標を置くことによって成功はぐんと近づいてくる。

だからといって、レベルをあまりに低くするのは考えものだ。容易過ぎる目標からは達成感も満足感も得られない。本物の喜びは、重要な何かを成しとげてはじめて得られるものだ。

努力を重ね、リスクを冒してこそ、心からの達成感が味わえる。

肝心なのは、努力する価値があり、そして達成可能な目標を設定すること。

最初からきわめて難度の高い目標を掲げて何ひとつ達成できずに終わるより、中程度の目標を立てて次々に実現していくほうが賢明なやりかたといえる。

自分にとっての成功とは何かと考えるとき、禅の精神で細部に注意を払いながらも、一方で大局的な見地に立つことも重要だ。

成功とは、人生におけるあらゆる幸せの瞬間から成り立っている。

やりがいのある仕事、心身の健康、友情、愛、生活の保証、心の安らぎ、そしてたっぷりした自由時間、そのすべてが成功をつくるのだ。

ご興味をお持ちの方のために、わたし自身の例を紹介させていただこう。成功という言葉の定義はわたしのなかで時とともに多少変化してきたが、基本的な部分は不変だ。

わたしにとっての成功とは、自分の人生をどう生きるかという選択の自由と能力を持つことだ。つまり、好きなときに好きなことができれば、それ以上何も望むものはない。

起床して軽い朝食をとったら、まず健康のために一、二時間の運動を行ない、それからしばらくはゆっくりと過ごす。友人との昼食を楽しむこともある。

ナマケモノが「幸せなお金持ち」になるために⑯

真の成功とは何か、突きつめて考えるのは勇気の要ることだ。
長年抱いてきた夢が、ガラガラと砕け散ることもある。
月並みな成功だけをめざしていると
不満や失望の毎日から永遠に抜けだせない。

会社勤めの方とは違って、わたしの仕事は時と場所を選ばないので、その後はたいていお気に入りのコーヒーショップに腰を落ち着けてノートパソコンに文章を打ち込む。大体、一日の仕事時間は四、五時間以下だが、ときには七時間から八時間パソコンに向かうときもある。

一日の労働時間をもう一、二時間増やせば収入はそれだけ増えるだろうが、今のままで生活には困らないし、快適に暮らしていける。

現在の仕事とひきかえに、年収百万ドルのストレスの多い仕事を差しだされても、引き受けるつもりはない。たとえ一年だけでもお断りだ。

数年前、三万ドルの借金をかかえ、翌月の家賃を払えるめどが立たないほどの苦境にあったときも、その考えは変わらなかった。自分だけに備わった独創力を発揮して獲得したものでないかぎり、百万ドルや二百万ドルの金額は成功を意味しない。

金銭面に関しては、厄介な問題をかかえずにやっていけるだけの収入があれば十分だ。つまり、生活必需品がまかなえ、週に二、三度は小奇麗なレストランで食事をする程度のささやかなぜいたくができれば、何もいうことはない。

ちょっとしたへそくりができればなおけっこう。一年ばかりブラブラしたくなったときや、何かの理由で収入が落ち込んだとき、そのへそくりが大きくものをいう。

わたしにとっての成功は、時間を自由に使えることだけでなく、人生の楽しみを数多く知っていることをも意味する。富豪と呼ばれる人たちの多くは、馬鹿高い費用のかかる遊びにはたけているものの、気楽に街を歩いて金のかからない楽しみを発見するすべを知らない。

散歩の途中で足を止め、ホームレスの人と五分間でも立ち話をして未知の世界を覗こうとしないのは、人生にとって大きな損失だ。

つまり、金銭や仕事に人生を支配されて日常のちょっとした喜びを味わう時間さえないようでは、たとえ大金持ちであろうと、成功者とはいえない。

小さな発見を楽しめない人間に、人生が楽しめるはずはないからだ。

ナマケモノが「幸せなお金持ち」になるために⑰

失敗より大きな幻滅をもたらすのは成功そのものだ。
成功はいつもバラ色とはかぎらない。
しかも、手にしたとたんに輝きがあせる。
ことに人生のすべてを犠牲にしてきた場合は。

かといって、自由になる時間があればそれでいいというものではない。その時間をどう使うかが問題なのだ。人間、何歳になっても、いちばん大事なのは健康だ。心身の健康を維持するには、毎日、運動と瞑想の時間をたっぷり取る必要がある。

成功を手に入れるために不可欠なのは、挑戦しがいのある目標を持つこと。わたしの目標は、自分の可能性を広げたいと考えている人たちのお手伝いをし、夢に向かってゆっくりと進んでいく後押しをすることだ。

世間の作家たちの例に漏れず、わたしのもとにも読者からのおたよりが数多く寄せられるが、非常にためになったという手書きのお手紙や電子メールや電話をいただいたときほど心躍る瞬間はない。

成功のためのもうひとつの大切な要素は、たとえ何歳になろうと、実現可能な夢を持ちつづけることだ。

わたしの夢のひとつは、著書が『ニューヨーク・タイムズ』紙のベストセラー入りをはたすこと。この夢は幸せな人生のために不可欠というわけではないが、もし実現したら心から嬉しく思うだろう。

こういう目標が日々の原動力となって、小さな成功を積みあげていくことができるのだ。わたしの話はこれぐらいにして、あなたのことに話をもどそう。最大の課題は、やはり、自分にとっての成功とは何かを見きわめることだ。大切なのは、自分を見失わないこと。人生をしっかりと見つめれば、現在熱心に追い求めているものが、あなたが思い描いていた幸せとは無関係だと気づくかもしれない。

反対に、今は無関心な何かが、心の平和や満足感になくてはならないと気づくかもしれない。人生をよりよいものにしたいなら、物質的な豊かさ、仕事や余暇活動に費やす時間、さらには人間関係まで含めてすべてを見直す必要がある。成功を決定づける瞬間は、莫大な富をなしたときではない。どれほどの金を積まれても、今以上の幸せはありえないと感じたときだ。

ナマケモノが「幸せなお金持ち」になるために⑱

月並みな成功を収めれば幸せになれると思い込むのは容易だ。
だが、それは幻想にすぎない。
大邸宅、海辺の別荘、二、三台の高級車、とびきり魅力的な伴侶
職場での高い地位といった月並みな成功は
たいていの場合、人生を複雑にするだけだ。

一万ドル以下の年収でその瞬間を迎える人もいれば、百万ドル稼いでもまだ足りないと思う人もいる。結局のところ、成功とは心のなかに存在するのだ。

周囲の人たちの言葉やマスメディアや広告の影響を受けずにいるのはたしかにむずかしい。だからこそ、定期的に心のなかを見つめ直して、自分にとっての成功とは何かを再評価すべきなのだ。幸せで充実した人生に向かって正しい道を歩んでいる何よりの証拠は、成功という言葉に関して、地球上のほかの誰とも違う自分だけの定義を持っていることだ。

達成可能か否かにかかわらず、成功の解釈は人さまざまである。

ナマケモノが「幸せなお金持ち」になるために⑲

幸せな人生より月並みな成功を手に入れるほうがたやすい。世間には神経を病んだ成功者が数え切れないほど存在する。そのなかに、幸せな人間はひとりもいない。

夢が消えたら、心も消える。
── ローリングストーンズ ──

つねに優れた業績だけをめざし、成功するかどうかは気にしないこと。
── ヘレン・ヘイズ ──

みんなが通る道を進んでも、どこにも行きつかない。
── 作者不明 ──

反対意見が出ないのは、誰も何も考えていない証拠。
── ウォルター・リップマン ──

大衆が求めるのは、比類なきまでの凡庸さだ。
── アントワーヌ・オーギュスト・プレオー ──

周囲から浮きあがるのを恐れずにとっぴな行動ができる人間がいないこと、
それが今の時代の最大の危機だ。
── ジョン・スチュアート・ミル ──

成功者と言えるのは、善良に暮らし、よく笑い、たくさん愛した人。

心の清い女たちに信頼され、知性ある男たちに尊敬され、幼い子どもたちから愛された人。

自分に適した仕事を見つけて職務を果たした人。

ひなげしの改良であろうと、美しい詩を書き残すことであろうと、
誰かの魂を救うことであろうと、何かの形でこの世をよりよいものにして旅立った人。

自然の美に感謝の心を抱き、その気持ちを言葉や文字であらわした人。

いつでも他人のために最良の道を探り、最良のものを与えた人。

その人生によって人々が鼓舞され、その思い出を人々が祝福したくなる人。

── ベティ・アンダースン・スタンリー ──


長い作家人生において、わたしはいつも勤勉と称されてきた。

この言葉はどのようにでも解釈できる。

人間としては褒め称えられるべき長所だが、芸術の世界ではなんの意味も持たない。

── マーガレット・オリファント ──

成功とは、きみの家のすぐそばを歩いている見知らぬ女たちのことだ。
── 『サタデーナイト・ライヴ』より ──

三十歳を過ぎてバスに乗っているところを見られたら、その人の人生は失敗ね。
── ウェストミンスター公爵夫人ローリア ──

金にもお世辞にも名声にも興味がなくなったら、成功の頂点に達したということだ。
── O・A・バティスタ ──

どれほど好きな仕事でも、愛する子どもや有能な召使いにはなりえない。

多忙な仕事をこなしながら、人生の浪費を嘆いている自分がつねにいる。

── ルース・ベネディクト ──

目的に向かって努力するより、何もせずにいるほうが困難

究極の問いは、あなたにとって成功が何を意味するかだった。それよりさらに重要な問題がある。どうやってそれを手に入れるかだ。

本書がお勧めするのは、世間一般の人たちより頭を多く使い、労働時間を少なくすることによって成功を手に入れる方法だが、だからといって何もせずにぐうたら過ごせばいいというものではない。

ごみための ような現在の住まいから、タージマハール級の大邸宅に数年のうちに移りたいと願うなら、人生を根本から変える必要がある。

自分自身の生活のあらゆる面を、厳しい目で見直すのだ。どんな仲間と付き合っているか、一日に何時間テレビを観るか、どの程度のやる気があるのか、独創力はあるか、どういう信念を持っているか、現在の仕事に対して情熱を持っているかなど、ひとつひとつ点検していってほしい。

社会に対する甘えがないかどうかも謙虚に判断すべきだ。いずれにしても選択肢は三つ。現在よりもっと長く働くか、仕事を変えるか、頭を使って働くかのいずれかだ。

夢に向かって焦らずに進んでいくには勇気と行動力が必要だ。なんのストレスもなく、毎日をゆったりと過ごしている例のコスタリカの漁師でさえ、やるべきことはやっている。たとえ数時間であろうと、生活費がまかなえるだけの仕事は毎日きっちりこなしているのだ。幸せで充実した人生を求めるなら、彼を見習ったほうがいい。世間には、自分では何もせずによい結果だけを望む人がいるが、そんなうまい話はどこにもない。

何もせずに成功するのはかぎりなく困難である。

目標に向かって努力するより何もせずにいるほうが困難とはそういう意味だ。

ナマケモノが「幸せなお金持ち」になるために⑳

真の成功を収める秘訣は、人生の目標を明確にすること。
問題は、目標が達成できないことではない。
目標を達成したとき、何かが違うと感じることだ。
成功の手応えが得られないのは
目標の定め方が間違っているせいである。

読者のなかには、誰かがなんとかしてくれるさという虫のよい考えをお持ちの方もいるかもしれない。安楽な暮らしを誰かが用意してくれるのを待っている方もいるかもしれない。まあわたしに比べれば、そういう幸運に恵まれる可能性がいくぶんは多いだろう。だが、それをいうなら、この地球上に住む少なくとも二十億人に同じ可能性があることになる。あなたに対しても、ほかの二十億人に対しても、安楽な暮らしを無償で差しだす物好きな人間はまずいない。

それに、万一努力もせずに楽な生活ができたとしても、それを成功とは呼ばない。成功の喜びを味わうには何かを成しとげたと実感し、努力が報われたと思えることが必要だ。むずかしいことではない。望むものを手に入れる最良の方法は、そのために何かをすることだ。長時間、わき目も振らずに働きつづけてもいい。あるいは、独創力を発揮して手早く仕事を片づけ、空いた時間を有効に使ってもいい。

どちらにしても、自分の手で成功をつかんだという満足感を味わうことが肝心だ。後者を選べば、人生をもっと楽しむことができる。要は、過度なストレスや不安を感じることなしに人生の目標を達成することである。自分に適した労働時間はどれくらいか考えてみよう。一日八時間の人もいるだろうし、二、三時間の人もいるだろう。

次に、その時間枠のなかで、持てる力を出し尽くすのだ。

わたしは一日の労働時間を五時間以内と決めているが、仕事の密度は濃いほうだ。つねに持てる能力のすべてを発揮するよう心がけている。その甲斐あって、現在までに完成させた九本の原稿は一冊残らず、同じ出版社から刊行された。業界の専門家によると、北米で執筆される十本の原稿のうち実際に本になるのはわずか一冊だそうだ。

平均的な作家の成功率が十パーセントなのに対して、わたしが百パーセントの成績を収めた秘訣は何か？　自分がなすべきことをしただけだ。

著書のうちの四冊は、当初、どこの出版社にも受け入れてもらえなかった。だから、市場に出す価値があることを証明するために、自費出版したのだ。

ナマケモノが「幸せなお金持ち」になるために㉑

ありもしない目標を達成するのは
未経験のできごとを思いだそうとするようなものだ。
だからこそ、自分にとっての成功とは何か
そのために自分が何をなすべきかを明確に意識する必要がある。

実際、著書のなかで最高の出版部数を記録した『ゼリンスキーの法則—働かないことのススメ』(邦訳：講談社)も、当初は発行してくれる出版社が見つからなかったため、自費出版という形でようやく出版にこぎつけた。

この時期、銀行には五千ドルの預金しかなく、さらに三万ドルの借金をかかえていたため、出版に必要な費用の半分は母からの借金でまかなった。

しかしその後、この本は米国のテン・スピード・プレス社から出版されただけでなく、中国、日本、韓国、スペイン、フランス、ポーランド、ポルトガル、オランダ、ギリシア、ドイツ、そしてイタリアの各国で翻訳出版されている。

わたしが大きな達成感を味わったのはいうまでもない。毎日の四、五時間の仕事に全力を傾けていなかったら、こういう結果は生まれなかっただろう。

どの分野であれ、成功を収める秘訣は自分なりのベストを尽くすことだ。

とはいっても、肩肘張ってがんばらなければいけないという意味ではない。本当の話、生産性がもっとも高いのは、仕事と遊びのバランスの取りかたが上手な人間である。

その理由は、働くだけが人生ではないということが彼らにはわかっているからだ。かといって、なまけていればいいというものでもない。

毎日をだらだら過ごしていたら、成功につながるかもしれない建設的な活動や、独創力を発揮できる仕事に費やす時間がなくなってしまう。

「ちょっと待ってくれ。ぼくが知りたいのは、今後五年間で七十五万ドルを稼ぐ具体的な方法だ。大金が手に入ったらとっとと会社を辞めて、あとは死ぬまで楽をして暮らすんだ」

こんな声があちこちから聞こえてくるようだ。

申し訳ないが、世の中はそういうふうにはできていない。重要なことは自分でやるしかないのだ。具体的な計画を立て、そのために必要な戦略を練る。

みんなそうやって努力している。わたしもそうだ。あなたにもかならずできる。望むものを手に入れるのは容易ではないかもしれないが、そのための助けならどこにでも転がっている。

ナマケモノが「幸せなお金持ち」になるために㉒

まず方向を定め、次にどの程度の速さで進むかを考えることだ。

現代人の多くは、行く価値のない場所にあせって進もうとしている。

大切なのは速さではなく、進むべき方向だ。

方向が定まらなければ、どんなに速く進んでも意味はない。

本を読むだけでも、かなりの知識を得ることができる。

どんな疑問であろうと、何かの本に答えが書かれている。あとはそれを見つけるだけだ。

たとえば、この仕事を始めた当初、わたしはどうすれば本を出版できるのか皆目わからなかった。文章の書きかたも、自費出版の方法も、海外に版権を売ることも、宣伝の仕方も、すべて書物から学んだ。どの分野であれ、現代の社会には驚くほどの情報が満ちあふれている。

書物を利用するほかに、コンサルタントに相談したり、セミナーに参加したり、ラジオのインタビュー番組から情報を得たりすることもできるが、さらにはインターネットという強い味方がある。

どこかの誰かが集めた膨大な知識や情報が、無料で、あるいはわずかな料金で入手できるのだ。お得なだけでなく、一部の人たちが経験してきた失敗をくり返さずにすむという点で、まことにありがたい情報源である。

たしかに、成功への道は生易しくはない。

たとえ一日四、五時間であろうと、しっかり働かなくてはならない。

〝幸せなお金持ち〟が選ぶのは、肩の力を抜いて成功と繁栄をめざす道だが、人生で価値あるものをつかみ取るには不断の努力が必要だということはわきまえておくべきだ。

作家のJ・K・ローリングは『ハリー・ポッター』シリーズの大ヒットによって、『タイム』

誌で特集記事が組まれるほどの人気者となった。

同シリーズは千五百万部以上の売り上げを記録し、彼女はいまや文字どおりの大富豪だ。

だが、新聞や雑誌に掲載されるのは、コーヒーショップで執筆をしていた女性が一夜にして大金持ちになったという調子の記事ばかりで、成功を収めるまでに彼女がどれほどの苦労をなめ、忍耐の日々を送ったかに触れたものはほとんどない。実際には、一冊めを書き上げるまでに五年の歳月を要したというのに。

成功には忍耐や困難がつきものだが、その経験がいつか自分の役に立つことを忘れてはならない。

苦労して成功したとき、その感慨はひとしおだ。金とは無縁だった人間がみずからの手で築いた財産は、富豪の親から受け継いだ財産に比べて百倍もの満足感をもたらすに違いない。

ナマケモノが「幸せなお金持ち」になるために㉓

夢や期待の取り扱いには注意が肝心。

大き過ぎる期待は失望を生む。

夢と現実との違いを目の前に突きつけられるのは誰にとってもつらいものだ。

望みのすべてがかなわなくても、思っている以上の結果は出せる

ブロードウェイをすいすい行き交うポルシェやメルセデス、それにレクサスやBMWを見て、なんとも羨ましい気持ちが湧き起こるのは、人間なら自然なことだ。

このわたしでさえ、ふとしたはずみに、真っ赤なメルセデスやポルシェのコンバーティブルに熱い視線を送ってしまうことがある。

おしゃれなスポーツカーを所有することが本当に人生に大きな喜びをもたらすのかどうかは疑問だが、それをたしかめるには実際に車を手に入れるのが何よりだ。

とはいっても、好きなものをすべて買える人などまずいない。

もしいたら、きっとあちこちから石が飛んでくる。だが、世の多くの人の例に漏れず、あなたも自分の力や可能性について、心のなかで限界を設けてしまっているのではないだろうか。

望みのすべてがかなうとはかぎらないが、自分で考えているよりずっと多くのことが可能なはずだ。成功を実感するうえで高価なスポーツカーを所有することが必須条件だと考えるなら、なんとしても手に入れるべきだ。

ここで重要な質問をひとつさせていただこう。今日のあなたは自分自身を勝者と見なしてい

るだろうか？　それとも敗者と見なしているだろうか？

敗者だと感じる部分が少しでもあるなら、将来における成功の可能性もそれだけ低くなる。成功が成功を生むのだ。

といっても、世間でよくいわれている意味とは少し違う。大成功を収めるためには、少なくともある程度の成功を手にしていなくてはならないと一般には思われがちだ。

それが事実なら、もう手の打ちようがない。成功はますます遠ざかっていくばかりだ。

実際には、意義深い成功を収めるうえで、それまでの実績はあまり関係がない。

他人から見れば成功とは呼べないほど小さな何かでも、自分自身の心の持ちようで、さらなる成功につなげることが可能だ。


ナマケモノが「幸せなお金持ち」になるために㉔

すべてを手に入れたいと願うと人生は大きな失望の場となる。

成功と幸せへの秘訣は、欲張り過ぎないこと。

あなたが現在持っているもの——これまでの業績や才能や財産——を成功の証と認めることによって、さらにほかの分野の成功へと可能性を広げていくことができる。ものごとを前向きにとらえれば、あらゆることが可能になる。最短かつもっとも楽な方法で目標に到達する道を探すこと。これが、〝幸せなお金持ち〟の心得だ。

わたしがお勧めするのは、自分の長所や過去の輝かしい実績を手帳に書きとめる方法だ。学生時代の優秀な成績の記録や、仕事上の成果、さらにはスポーツマンとして誇るべき記録など、すべてをそこに書きこむのだ。

遠慮する必要はない。これまでに誰かがいってくれた誉め言葉を全部書きだしてみよう。大切な友人が何人いるかまで含めて、よいことは何もかもこの成功リストに記録していくのだ。ものごとが思うようにいかなくて気持ちが落ち込んだときは、この成功リストを見直すといい。どんな些細なことがらであっても、そこに書かれているすべてを成しとげた自分を誉めてあげよう。

そうすれば、自分がいかにうまくやっているかだけでなく、将来の可能性に満ちていることが理解できるはずだ。現在の状況を肯定的に見ることによって気持ちに広がりが生まれ、これまで避けていた未知の分野へ挑戦してみようという意欲にもつながる。

成功をつかむうえで人々が犯しやすいもうひとつの過ちは、願いがかなうはずなどないという思い込みだ。

人間は失敗を恐れる以上に、成功を恐れるものだ。どうせうまくいくわけがないという否定的な考えを長いあいだ抱きつづけていると、その考えは体に染みついて抜けなくなる。

見知らぬ世界に足を踏みだすより、自己憐憫《れんびん》の世界にぬくぬくとつかっているほうがたしかに楽かもしれないが、それではなんの進歩もない。成功した人のあら捜しをしたり、愚痴をこぼしたり、才能豊かな人をうらやんだりという後ろ向きな態度は捨てたほうが賢明だ。


ナマケモノが「幸せなお金持ち」になるために㉕

望みのすべてが実現するわけではないが
手の届く目標まで捨て去ってはいけない。
夢の大きさや能力の多少にかかわらず
自分で思っている以上のことができるはずだ。
ただし、そのためには独創力を大いに発揮し
ある程度の努力をする必要がある。

われわれの前には、かかえきれないほどの贈り物が差しだされている。ただし、その贈り物は銀の皿に載って供されるわけではなく、チャンスという形で目の前にあらわれるのだ。

残念ながら、多くの人には目の前にあるチャンスが見えていない。

チャンスをものにして目標を達成するには、自分に対する信頼が不可欠だ。みずからを大切にする心が成功を呼ぶ。

自分の持つ才能や独創力を信じて、もっと大きな成功を収めることが可能だと念じるのだ。

チャンスを活かす鍵は、埋もれている力をうまく引きだすことにある。運や健康に恵まれず、まともな教育も受けられなかったような人が、驚くほどの成功を収めるのは珍しくない。

その一方で、健康で、育ちもよく、高い教育を受けて、財力にも恵まれた人が人生をしくじる例はあまりに多い。

心理学者らの分析によると、ほとんどの人は自分のなかに存在する能力や素質をまったくといっていいほど活用していないそうだ。それどころか、自分にどんな素質があるのか理解していない。しかし、持てる力をフルに活用しなければ、人生で成功を収めるのは困難だ。

私事で恐縮だが、わたしは自分の作家としての限界を自覚している。

文章力に関してはジョージ・バーナード・ショーの足元にも及ばないし、ノーベル賞受賞者の域に達することなど絶対に不可能だ。まじめな話、もしもノーベル文学賞候補にわたしの名が挙がったら、世界の文学界でかつてないほどの大論争が巻きあがるのは必至だ。

でも、だからといって、自分が書くことのできる本の執筆まであきらめるつもりは毛頭ない。大学一年のとき、英語の単位を三期連続して落としたわたしだが、作家としては、三倍の語学力を持つ人より成功する自信がある。

わたしより才能に恵まれていても、失敗を恐れてペンをとらなかったり、人生の些事《さじ》にかまけて執筆の意欲を失ったりしている作家志望者のなんと多いことか。

『ニューヨーク・タイムズ』のベストセラーリストを見て、「わたしならもっといい本が書けたのに」と思った経験のある人は少なくないはずだ。


ナマケモノが「幸せなお金持ち」になるために㉖

夢をかなえるには、三つの要素が必要だ。

一番目は、前向きな態度。

二番目は一番目と同じ。

そして三番目も前のふたつと同じだ。

実際にそのとおりかもしれない。それならいっそ、試してみたらどうだろう。同じことが本の執筆だけでなく、あらゆる分野でいえる。ことに、長いあいだ夢見てきた具体的な目標があるのなら、何もせずにいるのは自分を裏切っているのに等しい。

結局のところ、望みをかなえるのはそれほどむずかしいことではない。飛びぬけて優秀な頭脳や、長時間の苛酷な労働が必要なわけではない。むしろ鍵となるのは、持てる力をいかに有効に使うかである。

つまり、自分が持っている才能や技術や長所のすべてを最大限に活かすことが必要なのだ。あなたの得意な分野は？　今は得意でなくとも、もしかしたら向いているかもしれないと思えるものは？　それをとっくりと考えていただきたい。

人あしらいがうまい人もいれば、数字に強い人もいる。独創力に富んでいる人、芸術的感性にすぐれている人、机の上が決してぐちゃぐちゃにならない人、統率力のある人、他人のやる気を引きだすのが上手な人、得意分野は人さまざまだ。どの分野であれ、自分の能力や素質をうまく使えば、より大きな収入につながり、人生の目標を達成しやすくなる。

世の中には自分の才能や能力を無駄遣いしている人が多い反面、持てる力を有効に利用しているわれわれのような人種もいる。

われわれのグループに入れば、満足感や喜びといった贈り物を人生から受け取ることができる。反対に、前者に属している人たちが受け取るのは、高血圧、退屈な仕事から抜けだせない毎日、そして敗残者の住む街のごみためのような住まいだ。

誇張ではない。自分では何もせずに成功や幸せや富が訪れてくるのを漫然と待っていると、人間はしだいに虚無感や無力感にとらわれるようになる。

ナマケモノが「幸せなお金持ち」になるために㉗

後ろ向きの態度を改めないかぎり、八方ふさがりだ。

どこへ行こうと、その厄介者はあなたの人生を引っかきまわしつづける。

毎朝、「今日の調子は?」と、自分の心に問いかけよう。

かんばしい返事が得られないときは、意識して態度を改めることだ。

それでも前者がいいとおっしゃる方は、どうぞご遠慮なく。

競争者が少ないほうが、こちらとしてはありがたい。

あなたが自分の取り分を主張しないのなら、われわれ〝幸せなお金持ち〟グループが、喜んであなたの分までいただこう。

この件に関して、エイブラハム・リンカーンはいみじくもこう述べている。

「残り物には福があるというが、待っているだけで手に入るのはかすだけだ」

ナマケモノが「幸せなお金持ち」になるために㉘

考えかたやふるまいを改めると、自分だけでなく世界も変化する。
人間が発した心的エネルギーは、すべて本人にはね返ってくるからだ。
幸せで実り多い人生の実現を強く念じれば
その気持ちが具体的な形となって目の前に現れる。

死の間際には、この世での成功などほとんど無意味だ。
──ドナルド・A・ミラー──

どんなささやかな成功も、他人の目には触れない挫折や苦難の道を経ているものだ。
──アン・サリバン──

成功してよかった点は、あこがれるほどのものではないと実感できたこと。
──リヴ・ウルマン──

成功によって人生を破滅させた者は枚挙にいとまがない。
──シンディ・アダムズ──

成功ほどすぐに輝きがあせるものはない。
──ブライアン・フォーブス──

自分の望みに忠実に生きよ。さもないと、嫌いなものを押しつけられるはめになる。
──ジョージ・バーナード・ショー──

有名になることを成功の証と思う人もいれば、
誰にも見つからないことを成功の証と思う人もいる。
──アシュレー・ブリリアント──

行動に帰着しない思想にさほどの価値はない。思想から生じない行動にはいかなる価値もない。
──ジョルジュ・ベルナノス──

Ａを人生の成功者とするなら、ＡはＸとＹとＺの和に等しい。
Ｘが仕事、Ｙが遊び、そしてＺは口を閉じておくこと。
──アルバート・アインシュタイン──

動作と行動を取り違えてはいけない。
──アーネスト・ヘミングウェイ──

成功の秘訣を自分自身に問いかけよ。その答えに耳を澄まし、実行することだ。
──リチャード・バック──

宝くじから天国へのパスポートまで、人間はなんでもほしがる。
──ロード・バイロン──

好きなだけの幸せが手に入るなら、応分以上のものを求めたくなるのが人情だ。
──バートランド・ラッセル──

希望それ自体は幸せの一種であり、おそらくこの世で得られる最大の幸せだ。
しかし、快楽の多くがそうであるように、行き過ぎた希望には苦痛という代償がつきもので、
度を超した期待は失望に終わる。
──サミュエル・ジョンソン──

独創力は勤勉さにまさる

ここまでの部分で、単純だが厳しい事実を理解していただけたことと思う。

つまり、精神面においても経済面においても満足な結果が得られない場合は、自分が人生に何を投入しているかをまず見直す必要がある。そして、その何かを変えるのだ。

次にご紹介するのは、成功と勤勉さのあいだに相関関係はないという喜ばしい事実だ。豊かな人生を送るために身を粉にして働く必要はないのだ。

むしろ、一般の人たちより労働時間を減らし、ゆったりしたペースで働くことが、精神面でも経済面でもより豊かな人生を実現させるための鍵だ。

富と幸せを手に入れるために一生懸命働かなくてはならないというのは、迷信のようなものにすぎない。

『なまけものが金持ちになる方法(The Lazy Man's Way to Riches)』の著者、故ジョー・カーボはこんな言葉を残している。

「庶民は生計を立てることに忙しくて、金を稼ぐ余裕がない」

彼がいいたいのは、おおかたの人は満足感の得られないきつい仕事でいっぱいいっぱいなうえ、退社後もつまらない雑事で忙殺されているために、もっとストレスが少なくて金になる生活手段を探そうという意欲さえ湧かないということだ。

実際の話、快適な暮らしを何より得がたくしているのが勤勉さという代物だ。

どんなにあくせく働いても、創造的な活動がもたらすほどの満足感は得られない。

世の中には勤勉の美徳を力説する方も多いが、長時間のきつい労働より、独創力を駆使した企画や作品のほうがはるかに高い経済的価値や精神的満足をもたらすことをわれわれは知っている。

ナマケモノが「幸せなお金持ち」になるために㉙

> この世にはさらに四つの法則が存在する。
> 水に触れれば濡れる。
> 岩にぶつかれば痛い。
> その気になれば、誰でも成功できる。
> 苦労などする必要はない。

〝幸せなお金持ち〟への道を選ぶことによって、あなたもより大きな成果を手にすることができる。快適な暮らしを実現させるために死ぬほど働く必要はない。

ただし、要領のよい仕事のしかたを身につけることが不可欠だ。

詩人のW・H・オーデンは仕事についてこんな名言を残している。

「満足のいく仕事を成しとげるには三つの要素が必要だ。自分に適した職業を選ぶこと。やり過ぎないこと。達成の手応えが感じられる内容であること」

この二番めの要素を、現代人の多くは無視し、踏みにじっている。

生活のすべてが仕事を中心としてまわっているせいだ。

これだけ科学が発達した現在、二十年前あるいは五十年前の人たちと同じようにあくせく働く必要はない。

人間としてバランスの取れた健康的な生きかたが今ほどしやすい時代はかつてなかった。

それなのに、ほとんどの人は自由を手にするのが怖いせいか、独創力が不足しているせいか、新たな行動に踏みだせずにいる。現代のような繁栄した時代に生きているからこそ、一日の労働時間を数時間に抑え、独創力が最大に活かせる活動で本当の自分を知ることが可能なのだが。

残念ながら、一日の労働が四時間未満の人間や、一年間の休暇をとって人生を楽しんでいる人間は、現在のところ、二十人にひとりもいない。

皮肉な話だが、世の中が高景気に湧いているときより景気が停滞している時代のほうが、人は本当の自分を発見しやすい。

失業者数の増加によって、自分の手に時間を取り戻す機会が多くなるからだ。

ちなみにわたしの場合は、失業がきっかけとなって、真にバランスの取れた暮らしへの模索が始まり、そしてついに平均的な労働者の半分の仕事時間で暮らしていけるようになった。

エンジニアとして会社勤めをしていたとき、無断で長期休暇をとったために解雇されたのだ。その後も積極的に仕事を探さなかったのに加えて、社会全体が不景気だったこともあり、失業生活は二年に及んだ。


ナマケモノが「幸せなお金持ち」になるために㉚

成功のチャンスは誰にも存在する。
一般に信じられているのとは反対に
成功の鍵は勤勉さではなく
正しい目標を設定することにある。

しかし、今になって振り返ると、首を切られたのはエンジニアとしてのキャリアでいちばん幸運なできごとだった。

それが契機となって、現在のゆったりした暮らしへ生活を切り替えることができたのだから。一般にはあまり知られていないことだが、現代では誰も彼もがあくせく働いているわけではない。割合にすればわずかかもしれないが、非勤勉派とでもいうべき人たちの実数はかなりにのぼる。

西欧諸国における労働人口のおよそ五パーセントが非勤勉派に属するとわたしは見ているが、ここでは仮に二パーセントとしておこう。米国の労働者数が約二億として、四百万人のアメリカ人がゆったりした働きかたをしている勘定になる。

実際には、この数字はもっと大きいだろう。筋金入りのワーカホリックや、九時から五時までの味気ない労働に生気を吸い取られている労働者たちの陰に隠れてあまり目立たないものの、ゆとりを持った働きかたをしている人たちが全米各地に存在するのだ。

どの分野であれ、圧倒的多数の人々は長時間の苛酷な労働に従事しているが、同じ職種でも一日にわずかの時間しか働かない人もいる。

たとえば、今は亡き作家のW・サマセット・モーム。一日の大半を執筆に注ぐ作家が多いなかで、モームは毎日の仕事時間を朝の九時半から午後一時までと決めていた。

仕事のあとはマティーニを軽く一杯。

昼食後は、仕事と関連のある作業をいっさい行なわなかった。

「一日にたった三時間半の仕事で、本当にちゃんとやっていけたのか？」とお尋ねだろうか。心配ご無用。作家人生の終盤を、モームは南仏フェラ岬にあるプール付きの屋敷で優雅に過ごした。しかも使用人は十四人。執事、運転手、ふたりの家政婦、そして七人の庭師だ。なまけものにしては上出来ではないか。

ナマケモノが「幸せなお金持ち」になるために㉛

勤勉に働けば成功するとはかぎらない。最低の地位から出発して何年も勤勉に働き今もって同じ場所にいる人は数知れない。そんな目にあわないためには、勤勉こそ美徳という考えかたを捨てて独創力を発揮できる生きかたを模索すべきだ。そのとき、成功の可能性はきわめて大きくなる。

同様に、コンサルタントや弁護士やエンジニアや医師といった、長時間労働で知られる職業にたずさわる人間すべてが旧態依然の働きかたをしているわけではない。

割合としてはまだわずかだが、週に三十から三十五時間しか働かずに、裕福な暮らしを営んでいる人たちもいる。それを可能にしているのは、彼らが自営業であるのに加えて、要領よく働くコツを身につけているからだ。

経費を抑え、事務作業をできるだけ簡素化し、時間やものを効率的に使うことによって、彼らは同業者が二、三倍の時間をかけて手にする収入の八十パーセントを稼いでいる。

さらに、重労働にあえぐ同業者たちのようにストレス解消のための無駄遣いをしないので、収入は多少低くても、よりまとまった財産を築くことができる。

米国内で四百万人以上があくせくしないで働いていることを思えば、もっと多くの人にも同じことが可能なはずだ。

米国民にかぎらず、先進国で暮らす人間なら、あなたを含めて誰にでもできる。

周囲のみんなが顔を引きつらせて働いているからといって、あなたまでまねをする必要はない。わたしは健康的な顔つきでいたいから、身を粉にして働く人たちの仲間に入ろうとは思わない。

あなたほどの才能も教育もないのにかかわらず、あくせくしないで優雅に暮らしている人たちがあなたの周囲にもきっといるだろう。

その気になれば誰でも生活の質を変えることができるという何よりの証拠だ。

もしかしたら、こんな疑問をお持ちだろうか。

「誰にでもできるなら、みんなやっているはずじゃないか？」

たしかに、その気にさえなれば誰にでもできる。

それでも実行しないのは、目標達成のために必要な犠牲を支払う覚悟ができていないからだ。

将来性のない退屈な仕事をサービス残業をしてでも終わらせろという上司の理不尽な命令に唯々諾々《いいだくだく》として従うのは、見知らぬ環境に身を置くより、慣れた場所のほうが楽だからだ。

ナマケモノが「幸せなお金持ち」になるために㉜

身を粉にして働くのが尊いと思うのは石頭のしるし。
身を粉にして働くのがそれほど尊くて崇高な行為だと思うなら
発展途上国のどこかの炭坑で
一日十四時間の重労働を体験してきたらどうか？

さらに、新しい何かを始めるより現状維持のほうがまだ安心という思いもあるだろう。

それでもまだこんな疑問をお持ちだろうか。

「世界中の人が一日に四、五時間しか働かなくなったら、この世はいったいどうなる?」

その問いにはこうお答えしよう。

「この世は今よりもっと住みやすいものになる。なぜなら、ストレスが減り、人々はいつも上機嫌で体も健康になり、環境汚染も緩和されるから」

だが心配には及ばない。ほとんどの人には現在の生活を捨てるまでの覚悟はできていない。朗報といってよいだろうが、労働者の九十五パーセントは、毎日あくせく働く現在の生活を変えようとは考えていない。

つまり、優雅な生活を営んでいる二パーセントから五パーセントのグループにあなたが仲間入りできる可能性がそれだけ高いということだ。

ただしそのためには、自分自身で心のうちに築いた仕切りを取り除く必要がある。

それができてはじめて、一日四、五時間の労働で人生を楽しむことができるというものだ。

要領よく仕事を片づけて自由な時間をゆったりと楽しむ生活を二十年以上つづけてきた者として、もうひとつご注意しておきたいことがある。

自由と責任と人生の喜びを自分でコントロールできなければ、この生活は維持できない。

周囲から白い目で見られることもある。

一日四時間しか働かない人間は、資本主義の脅威であり、社会の安定を乱す不穏な存在というわけだ。

こういう問題にうまく対処できるようであれば、わたしの行きつけのコーヒーショップに、あなたもぜひ立ち寄っていただきたい。

独創力に欠ける人たちが三十年後、四十年後の自由と喜びを夢に描いてあくせく働いているあいだ、われわれは楽しいおしゃべりに花を咲かせようではないか。

ナマケモノが「幸せなお金持ち」になるために㉝

何時までかかっても仕事をやり終えるべきだと考える人はあまり利口とはいえない。
一生懸命働くだけなら、誰にでもできる。
生産性の高さをそこなわずに休息と遊びの時間をたっぷり持てる人こそ非凡な能力の持ち主だ。

ものごとが都合よく運んだときほど心躍る瞬間はない。
たとえば、スイスの山中で雪だまりに転落したところに、
ブランディーの小瓶を首に結わえつけた大型犬が通りかかるとか……。
――クロード・コックバーン――

神はどの鳥にも虫をお与えになるが、巣に投げ込むことまではしない。

――P・D・ジェイムズ――


何をするときも、心から行ないなさい。

――聖書『コロサイ人への手紙』三章二十三節――


成功も失敗も、幸せも不幸も、すべて心がけしだいだ。夢の実現は前向きな態度からはじまる。

――モハメド・アリ――


成熟した人間は、失敗を他人のせいにしない。

――ジョゼフ・ヘラー――


よいお手本になれなくとも、反面教師にはなれる。

――キャサリン・エアード――


人生に対する心がけが人さまざまであるように、人生の様相もさまざまだ。

人生の様相は、心がけしだいで変化する。

――キャサリン・マンスフィールド――

われわれの世代による最大の発見は、
心の持ちようひとつで人生を変えることができるという事実だ。
――ウィリアム・ジェイムズ――

ニューイングランド生まれの私は、清教徒的な教育を受けて育った。

つまり、一生懸命働けばいつかは報われる、働けば働くほど得るものも大きい、という考えかただ。

その結果、要領よく働くことが肝心だと信じるようになった。

――ケン・ブランチャード――

今日では、人間はどんなものでも創りだせると考えているが、
何を創るべきか理解していない。
――オルテガ・イ・ガセー――

成功を収めるのは容易だ。すべきことを、正しいやりかたで、然るべき時期に行なえばよい。

――アーノルド・グラソー――


この世でなされる行為はすべて想像から生まれる。

――バーバラ・グリザティ・ハリスン――


金持ちは、金のためには働かない。

――ロバート・T・キヨサキ――

第2章

本当の自分を見つける

幸せをもたらすのは富でも輝きでもなく、心の安らぎと打ち込める仕事の存在だ

人生がおおむね成功したといえるかどうかは、さまざまな要素によって決まる。そのかなり大きな部分を占めるのが収入の額だ。楽しめる仕事であれば収入もそれだけ増加するという事実は、多くの人にとっては今さら驚くことでもないだろう。

ところが、充足感の得られる仕事を持つことの重要さを説く書物がちまたにあふれているにもかかわらず、その声に耳を貸そうとしない人がいまだに少なくない。なかには正反対の説を唱える人もいる。財政専門家のスティーヴン・M・ポランは、ベストセラーとなった近著の『ダイ・ブローク――新時代のマネー哲学　リッチに生きて一文なしで死ね』（邦訳：日本短波放送）で、仕事から達成感を得ようなどと思ってはいけないと述べ、「仕事はあくまで収入の手段と割り切って考えるべきだ」と主張している。

全体として見ればすぐれた著作だが、仕事での自己達成など考えずに少しでも給与の高い職場にどんどん移っていくべきだという彼の主張には、強い異議を唱える専門家も多い。

この戦術に従うなら、職業人としての敗北は約束されたようなものだ。自分が楽しめないこ

とをしていては、本来得られるはずの収入も手にできなくなる。

各界で大成功を収めた人たちが、みずから選んだ職業に大きな誇りと愛情を抱いていることは秘密でもなんでもない。

現在の幸せを長いあいだ置き去りにしていると、しばしば無残な結果を招くことになる。もっとも典型的な例は、長期の計画が実現せずに終わってしまうことだ。

今、目の前にある喜びや楽しみを享受しなければ、しまいには楽しみかたさえ忘れてしまう。最悪の場合、予定よりはるかに早く葬儀屋の世話になるような事態を招きかねない。

仕事には、そして人生には、高収入を得る以上の目的があるはずだ。

ナマケモノが「幸せなお金持ち」になるために㉞

勤勉に働けば成功すると勘違いしてはいけない。

多くの場合、勤勉な労働は無意味な結果を生むだけだ。

勤勉さだけで成功できると思うのは、北極をめざして南へ向かうようなもの。

いつかは到着できるかもしれないが、百倍の労力と時間と犠牲を必要とする。

存在するかどうかもわからない未来のためにすべてを犠牲にすることなく、現在の暮らしを楽しんでこそ、成功の手応えを感じることができる。

人生のなかで仕事に費やす時間は決して小さなものではない。

だからこそ、職業の選択には細心の注意を払うべきなのだ。

たとえ一日に四、五時間しか働かないにしても、達成感が味わえる仕事か、健康的な労働環境が保証されているか、そしてある程度自由裁量の余地があるかをつねに念頭に置いて職業を選ぶべきだ。

お節介かもしれないが、人の一生には厳しい試練がつきものだ。

最悪の仕事を選んで、人生をさらにみじめにする必要はない。

現代の社会では、どうしても好きになれない仕事に長時間たずさわっている人間が驚くほど多い。そういう人たちが毎朝ベッドから出るときに思い浮かべるのは給与小切手のことだけだ。

自分の仕事に夢も希望も持てない会計士は、年に四万五千ドルの収入を得ていても、心のなかには赤字をかかえている。年収十五万ドルの大学教授でも、学生を教えるのが大嫌いなら同じことだ。どちらも、職業選択を誤った典型的な例である。

近ごろは収入もまずまずで、おまけにしゃれた呼び名までついた職業が増えてきた。が、そのぶん働く喜びや達成感が増すわけではない。

どんなにしゃれた名前で呼ぼうが、無意味な仕事はあくまで無意味だ。

このことは事務職だけでなく高給の管理職にもあてはまる。

最新式のノートパソコンを駆使しても、仕事の内容が変わるわけではない。

響きのいい肩書きを与えられると自分が偉くなったような気がするものだが、元連邦上院議員のジョージ・マクガヴァンはいみじくもこう述べている。

「肩書きが長いほど、仕事の中身は軽い」

ナマケモノが「幸せなお金持ち」になるために㉟

職業の選択は、くれぐれも慎重に。
たとえば、精神科医の仕事はきわめてストレスが高い。
毎日朝から晩まで
頭のねじがゆるんだ人々を相手にしなくてはならないのだ。
悪いことはいわない。やめておいたほうがいい。
要は、面倒が少なくて、やりがいのある職業につくことである。

自分の進むべき道や職業を、社会や教育機関や親の意向にもとづいて決める人がなんと多いことか。すなわち、仕事からどれだけの満足感や喜びが得られるかでなく、会社の名声や給与の額で就職先を選んでしまうのだ。

その結果、知性も教養も豊かで、きわめて高い専門知識を持っているのに、仕事の上で真の成功を収められない人間が無数に存在している。仕事の上での真の成功とは、本書においては、精神・経済の両面で報われる職業につくことを意味する。

意外に思われるかもしれないが、名誉ある職業についている人のなかにも、仕事に関する不満をかかえている人は多い。たとえば、弁護士といえば地位も収入も申し分ないと一般には思われがちだが、実際は少し違う。

以前弁護士をしていた友人の話だが、ロースクール時代の同級生のなかで、弁護士の仕事に満足している人間はひとりもいないそうだ。

弁護士からベストセラー作家へ転身したジョン・グリシャムも、同様の発言をしている。彼は記者の質問に対して、もっとましな仕事に変わりたいと願わない弁護士など見たこともないと答えた。

弁護士本人の幸せのためにも、われわれ一般人が被害をこうむらないためにも、弁護士稼業から足を洗いたいと思っている弁護士たちが一日も早く新しい仕事を見つけてくれることを祈ろう。

仕事によって得られる充足感を度外視して高収入の職業を選び、将来にそなえて富を築こうとするのは弁護士にかぎったことではない。

だが、どれほど給与が高くても、仕事そのものが好きになれなければ成功の手応えは感じられないし、富の蓄積にもつながらない。現在自分がたずさわっている仕事から達成感や充足感が得られないかぎり、生きている喜びを感じることはできないのだ。

いうまでもなく、生きる喜びを感じられない人間を成功者とは呼ばない。

人間は心の充足感を得られないと、浪費に走る傾向がある。

買物がストレスを発散させるセラピーの役目をはたしていることも少なくない。

ナマケモノが「幸せなお金持ち」になるために㊱

職業選択の際、世間の声に耳を貸してはいけない。
自分の内なる声に耳を澄まそう。
ここでの決断が、人生の満足度の三分の一を左右する。

頭のからっぽな上司と退屈な仕事にじっと耐えた自分へのご褒美に、三万五千ドルのスポーツカーをぽんと買ってしまう人もいる。

自分に対する高価な贈り物は、一時的には気分を高揚させるかもしれないが、結局はその仕事に自分を縛りつけてしまうことになる。

もっとやりがいのある仕事が見つかっても、車のローンを払い終えるまでは動くに動けないからだ。さらに、セラピーの代用品として浪費を重ねていれば、貯まるはずの金も貯まらない。気に染まない仕事を長くつづけていると、人生における金銭の持つ意味合いがしだいに重くなっていく。金に対する異様な執着が芽生えるのだ。

また、仕事から満足感や喜びが得られないために、物欲を満たす行為を現実逃避の手段としてだけでなく、人生に意味を与えてくれるものと見なすようになる。

稼いでは使うという悪循環は、金に対する執着と同様、心からの充足感を与えてくれる仕事に出会うまで断ち切ることができない。やりがいのある仕事についたとき、人はようやく金に対する執着が解け、人生は苦しみでなく喜びだと実感できるようになる。

金銭の価値が必要以上に重視される現代社会では、高度の教育を受けた人を含めて誰でもこの罠にかかり、抜けだせなくなる可能性がある。

どんなにりっぱな学歴や高い知能指数の持ち主でも、特別な技術や人並みはずれた勤勉さを身につけていても、有力な知り合いがいても、法律や医学や建築といった専門的な分野に足を踏み入れていても、成功が約束されたわけではないことを、人はつい忘れがちになる。

実際のところは、自分が心から楽しいと感じ、なおかつ社会の役に立つ仕事をしてはじめて、人は成功したといえる。

仕事においても、人生においても、それ以外に満足感や幸せを得る方法はない。くどいようだが、もう一度くり返す。金銭のためだけに仕事をしていると、幸せはあなたの手からすり抜けていき、永遠につかまえることができない。

トマス・ジェファーソンは述べている。

「幸せをもたらすのは富でも輝きでもない。心の安らぎと打ち込める仕事の存在だ」

ナマケモノが「幸せなお金持ち」になるために㊲

仕事選びに迷っている人へ贈る最高の忠告は誰の忠告にも耳を貸さないこと。自分ひとりの考えで選んだ仕事こそ、最良の職業だ。

充足感を味わえる仕事を持つことがどれほど重要か理解しないかぎり、人生の意味や目的を見つけることも不可能だ。

現在の幸せを犠牲にして無意味な仕事をつづけている人間には、明るい将来もない。

つまらない仕事をいやいやつづけていると、仏頂面が身についてしまう。

やがて笑いかたさえ忘れ、みじめな気分でいるのが普通だと感じるようになる。

そうはならないように注意したほうがいい。

さもないと、先に挙げた弁護士たちのように、死ぬまでみじめな毎日を送ることになる。

現在の仕事が価値のある資産か、あるいは負債か、それを判断できるのは当人だけだ。

いうまでもなく、理想的な職業とは、仕事自体が楽しくて、しかも同時に高収入をもたらすものだ。〝幸せなお金持ち〟の目から見て、そういう仕事こそきわめて大きな資産といえる。

たとえやりがいが感じられても、報酬があまりに少ない仕事は負債になりうる。

また、やる気の起こらない退屈な仕事は、成功の手応えが感じられないばかりか無駄なエネルギーを消費しているという点で、間違いなく負債だ。

どれほどの高収入が得られようと、この事実は変わらない。

現在の仕事が満足に値するものかどうかを判定するもうひとつのポイントは、何不自由なく暮らしていけるだけの財産がとつぜん転がり込んだとしても、あと数年は今の仕事をつづけていたいと思うかどうかだ。

すぐにでも辞めたいと感じたなら、その仕事は満足に値しない。

判定法はほかにもある。一日のうちで待ち遠しいのは昼休みと終業時だけという人も、そろそろ腰をあげて新たな場所に移動することを考えるべきだ。

しかし、いくらおもしろそうに見えても成否のほどもわからない新しい仕事に移るより、今の地位にいるほうが安全だと反論する方もあるだろう。


ナマケモノが「幸せなお金持ち」になるために㊳

人間、生きている以上は働かざるをえない。
だが、大半の人はつまらない仕事で一生を終えてしまう。
さらに悪いことに、当人たちはその事実を認めようとしない。
偉大な何かを成しとげるのは、少数の人たちだ。
その仲間に入りたいなら
安全指向の生き方に別れを告げよう。

高収入の仕事にしがみついていれば、家のローンを支払い、二台目の車を所有し、クリスマスには家族にぜいたくなプレゼントを贈り、リビングに大画面テレビを置いて、夏休みには子どもたちをキャンプに参加させることも可能だ。

しかし、自分にしかない力を活かして世の中に貢献するチャンスを犠牲にしてまでも、その種のぜいたくが本当に必要かどうか、もう一度考え直していただきたい。

自分にとって真に意味のある仕事をしないかぎり、人は本当に生きたとはいえない。

安定した仕事を捨てて、未知の分野に足を踏み入れるのは容易ではないが、不可能というわけでもない。これまで何百万もの人がやってきた。あなたにもできる。

著書の『ゼリンスキーの法則―働かないことのススメ』を読んで、自分も本当にやりたいことをやるためにそれまでの仕事を辞めたというお便りを何人かの方からいただいた。

ほとんどがすでにお子さんのいる方だが、あの本が刺激となって、より充実した人生を追求しようという決意が芽生えたのだ。

なかには、その後も定期的な連絡を欠かさず、新しい仕事に変わってからは以前より大きな満足感が得られるようになり、経済的にもまずまず安定していると報告してくださる方もいる。

誰もが強調するのは、自分なりのアイデアを活かして仕事ができることのすばらしさだ。

人々がやりがいのない仕事にしがみつく最大の理由は、経済的な不安である。安全性を重視するあまり死後硬直のような状態に陥るのを避けるには、金銭への執着を少なくするのが肝心だ。物欲が希薄になればなるほど、充足感をもたらしてくれる仕事への道が大きく開けてくる。

金儲けを究極の目的にする価値観から自由になると、まったく違う世界が見えてくる。逆説のようだが、収入のことをあまり考えずに自分が楽しめる分野で才能を活かすように努めると、自然に金が入ってくるものだ。

金儲けを目的とするより自分が楽しめる仕事を選んだ人のほうが最終的には高収入を得ていることが、統計からも示されている。

ナマケモノが「幸せなお金持ち」になるために㊴

金儲けだけを考えていては、真の成功者になれない。
頭を冷やしてじっくり観察すれば、金の持つ多くの問題が見えてくる。
食べていける収入さえあれば
それ以上の富は幸せをもたらさないことにも気づくはずだ。
それなのに、なぜ金銭にこだわるのか。

作家のマーク・アルビオンは、新作の『お金で買えない「成功」と「幸福」の見つけ方』（邦訳：PHP研究所）で、ビジネススクールの卒業生千五百人を対象にした調査の結果を引用している。

一九六〇年に卒業した者のうち、将来好きなことができるように、まず高収入を得られる職業を選んだのが一二四五名。残りの二五五名は、金のことはどうにかなるだろうと考えて、自分がやりたいことをすぐに始めた。

一九八〇年までに莫大な富を築いていた一〇一名中、前者に属していたのはひとりきりだった。自分が楽しめる仕事を持ち、情熱を注いでその道をきわめていけば、高収入を得るのはそれほどむずかしいことではない。

普通の人の半分の仕事量で二、三倍の収入が得られるとしたらどうだろう。

心から好きな仕事を選ぶことによって、いつかはそれが可能になるのだ。

金銭よりも重要な何かがあってはじめて、人は最高の力を発揮できる。

金儲けそのものが目的となると、かえって金は入ってこなくなるものだ。

自分が楽しめない仕事をしても、成功はおぼつかない。それだけでなく、好きでもない仕事をいやいやつづけていると、自信の欠如が顔に出るようになる。

自分には才能も、独創力も、好きなことをして金を儲ける勇気もないと思い込んでしまうからだ。いい替えれば、心身ともに満たされた幸せな毎日というのは現在にしか存在せず、自分の仕事を楽しんでいる人だけに可能なのだ。

成功の実感を与えてくれるのは、仕事に対する愛情、自分を高めようという決意、そして世の中に貢献しているという意識だ。金と地位を最優先にするのをやめれば、やりがいがあってしかも金銭的に報われる仕事がかならず見つかる。

自分の価値観を大切にして、心から楽しんでできるものを追い求めていけば、収入は自然についてくる。

ナマケモノが「幸せなお金持ち」になるために㊵

安定した仕事にも捨てがたい魅力があるが
朝刊を読み終えたあとは
独創力を活かす場も刺激を受ける機会もないのが難点だ。
心身ともに打ち込める何かがなければ、達成感は得られない。
つまり、高額な給与がかすんで
見えるほど大きな目的を持つことが重要なのだ。

最後に悔やむのは、しないで終わったこと

大切な夢を追いかけるか、それとも一生単調な仕事をつづけるか、どちらを選択するかと尋ねられたとき、ほとんどの人は単調な仕事のほうを選ぶ。

鬼のような上司や劣悪な労働環境、そして退屈でおもしろ味のない仕事に耐えしのぶのは、もっといい仕事を探すのが面倒だからだ。そのうえ、夢を追う行為には危険がつきものだ。

たとえ退屈できつい労働でも、慣れた場所にいるほうがましだと感じられるのだろう。

残念なことだが、死ぬ間際に自分の一生を振り返って深い悲しみに包まれる人は少なくない。

最大の悔いは、夢を追求せずに終わったことだ。

大切な夢を見過ごしにするのは、今という時間を無駄にするだけでなく、人生の最後の瞬間に失望と後悔を抱くことにつながりかねない。

人類学者のアシュレイ・モンタギューがいみじくもいっている。

「人生の敗北をもっとも痛烈に思い知らされるのは、描いていた夢と現実との差を目にしたときだ」

いい替えれば、最後に悔やむのは、してきたことではなく、しないで終わったことなのだ。

いつかは本当にやりたいことを実行に移すために、とりあえずは資金を稼ぐことが先決と思い込んで、持って生まれた才能や技術を眠らせたままにしている人が世の中にはたくさんいる。これまでの生きかたを根本的に変えれば、今よりもっと意義深く充実した人生が送れることを心の底では理解しながら、完璧なタイミングが到来するのを待っている人もいる。

しかし、完璧なタイミングなど存在しない。

ただ待っているだけでは何も変わらない。

ナマケモノが「幸せなお金持ち」になるために㊶

成功への鍵は能率よく働くこと。
だがその前に、自分に合った仕事を探すことだ。
楽しいと思えない仕事をしても、優れた業績をあげることはできない。
なんとしても、自分に合った仕事を見つけよう。
嫌いな仕事をして過ごす一日は
好きな仕事をして過ごす一カ月より長く感じるものだ。

遠い将来に楽ができるかもしれないという期待のもとに現在を犠牲にするのは、自分自身にとって大きな損失だ。

将来のことなど誰にもわからないし、もし期待どおりにならなかったら得るものは何もない。あなたの夢が名声を得ることだろうと、発明家や冒険家になることだろうと、今この瞬間、夢に向かって歩み始めるべきだ。

たとえば、ニューヨーク一の大病院で一介の看護士から院長の座まで出世の階段をのぼりつめた人も、心の底ではソーホー地区のロフトで画家として暮らしたいと望んでいるかもしれない。

あるいは、カナダ北部の環境整備会社で安全ヘルメットを一日に十六時間修理しつづけている人も、本当はスターバックスでカプチーノを飲みながらノートパソコンを叩く作家の友人たちの仲間入りをしたいと願っているかもしれない。

心のなかでささやく声があるなら、たとえそれがどんな突飛な考えに思えようと、真剣に耳を傾けるべきだ。

目標とすべきは、仕事を通じて自分らしさと独創力をあますことなく発揮することだ。

固定観念を捨てて想像の翼を広げれば、夢や才能、そして自分らしさや志を仕事に活かす道がきっと見つかる。

しっかりと目を見開いて、あなたを待ち受けているさまざまな機会を発見しよう。

ただし、自分が本当に何をしたいのかを発見できるのはあなただけで、夢をかなえるための一歩を踏みだすことができるのもあなただけだ。

詩人のウォルト・ホイットマンの言葉を借りるなら、

「わたしにも、誰にも、あなたに代わって道を歩くことはできない。自分の道は自分で行くほかないのだ」

新たな進路に歩みだす決意ができたら、あらゆる努力を払って、これぞ適職と思えるものを探してみよう。


ナマケモノが「幸せなお金持ち」になるために㊷

なにごとも、正しく使われてはじめて真価を発揮する。

この事実は人間にもものにもあてはまる。

だからこそ、自分の性格や価値観に合った仕事を選ぶべきだ。

そうでないと、毎日八時間分の幸せをどぶに捨てることになる。

「火をつけても煮えたぎらない鍋に匙《さじ》を入れることなかれ」とルーマニアの諺にもある。

本当に意味のある何かに向かって歩みだしたときにこそ、あなたの鍋は煮えたぎるのだ。

ふさわしい職業を選べば、あなただけにそなわった特別の才能も開花する。

おもしろくて刺激的な仕事に転職するなんて話はたんなる夢物語に過ぎず、自分にはそんな技術も才能もないと感じている方も多いだろう。

だが、もしそうなら、自分で自分に枷をはめているのと同じだ。

長期的な視野に立って自分のために何をすべきかと考えたとき、ヘンリー・デイヴィッド・ソローの次の言葉が大いに参考になるはずだ。

「夢に向かって自信を持って突き進み、努力を怠らなければ、驚くほど短期間に成功を収められることを、わたしは体験から学んだ」

夢はかなう。

ただし、自分の夢を見失わずに信念を持って努力すればの話だ。

周囲を見まわせば、夢を実現させた人たちが数多くいることに気づくだろう。

たんなる趣味だった何かを副業にし、やがてそれを巨大な富を生むビジネスに成長させた人たちだ。

また、専門的に勉強してきた分野を捨てて、まったく未知の世界に飛び込む人もいる。

不利な状況をものともせずに、彼らは夢を現実に変えて豊かな生きかたをわがものにしたのだ。

すでに夢に向かって歩みだしている人にとっては、進む方向が何より重要だ。

ナマケモノが「幸せなお金持ち」になるために㊸

思うように筆が運ばず、執筆が苦痛なときもある。
それでも、作家になりたいという熱い思いが心の底にあるなら
ペンをとらずにいるほうがもっと苦痛だ。
作家になるのが夢なら、とにかくペンをとってみよう。
レストランのオーナーになるのが夢なら店を持とう。
白衣の天使を夢見ているなら看護の勉強に打ち込もう。
何もせずにいると
かなえられずに終わった夢がいかに大きな痛みをもたらすか
いつか思い知ることになる。

ユダヤの民話を例にご説明しよう。

地上の楽園と呼ばれる場所をめざして旅をつづけた男がいた。

毎晩寝る前に、男は長靴を自分が進むべき方角に向けておいた。

毎朝目を覚ますと、長靴に足を入れて、楽園に向かって軽い足取りで進みつづけた。

ところが一年後、いたずらな悪魔が長靴の向きを逆さにしておいた。

翌日、男は楽園に向かって歩いているつもりだったが、じつは反対の方向に進んでいた。

さらに一年が経ったとき、男は出発点に戻っていた。

この男をあざ笑うことはできない。

高い士気を持ち、多大な努力を傾けて夢に向かって邁進しても、すべてがすさまじい速度で変化していく時代にあっては、ひとつのことに集中しつづけるのは至難の業だ。

よほど注意していないと、気づかないうちに脇道にそれてしまう。

昨日の出発地点が正しかったからといって、今日も正しい方向に進んでいるとはいい切れない。

大切な夢や目標に向かって間違いなく進んでいるか、つねに確認を怠ってはならない。

脇道にそれやすい最大の要因は経済的な事情だ。

物欲に支配されていると、人間は本来の目的や夢を見失いがちになる。

ちまたに氾濫する魅力的な新商品に目がくらんで、充足感を与えてくれる仕事や世の中に貢献する仕事の価値が見えなくなってしまうのだ。

流行に乗り遅れていないことを自分に納得させるために、無理をして大きな買物をしてしまうこともある。

こうして、みずから身動きの取れない状況に自分を縛りつけてしまう。

目標に向かってまっすぐ進んでいるという確信があっても、ときには一歩下がって進歩のほどを見直したほうがいい。

なぜなら、人間はつねに変化するもので、気づかないうちに自分のなかでの優先順位が入れ替わっていることがあるからだ。


ナマケモノが「幸せなお金持ち」になるために㊹

つまりはこういうことだ。
ショービジネスの世界で成功したいなら
工場から飛びだせ。

たとえば、子どものころから将来は刑事弁護士になると決意していたが、今になって本当はSF作家になりたかったと気づく場合もある。

あるいは、昔は大金持ちになるのが夢だったが、今になってもっと意味のある何かを求めている自分に気づく場合もある。

理想的なのは、自分が楽しめて、しかも才能を活かせる仕事をめざすことだ。

何をするにせよ、自分を駆り立てていく強い意志が必要だ。

夢を実現させる時期を遅らせれば遅らせるほど、時間は敵になる。

完璧なタイミングを待っていてはいけない。

金はいつでも稼げるが、時間だけは取り戻せないことをくれぐれも忘れないでいただきたい。

遠い将来に人生を振り返ったとき、誰だって後悔したくはないはずだ。

歌手になる夢や、ソフトウェアの設計。

幼い子どもと触れ合う仕事や、自分の手でものを創りだす仕事。

旅行家になる夢や、見知らぬ誰かの心を揺さぶることのできる仕事。

そういった職業になぜ挑戦しなかったのかと自分を責めたくはないはずだ。

夢が夢に終わり、自己を解放して独創力を発揮できる機会を見過ごしてきたと気づくのは、少々悲しくはないだろうか。

本当のところ、少々どころではないかもしれない。
どこかの賢人がこんな名言を残している。
かなえられなかった夢は最悪の痛みをもたらす。

ナマケモノが「幸せなお金持ち」になるために㊺

成功を遠ざけたいなら
不得意で苦手な分野に進むことだ。
出場するレースを慎重に選べば
勝利はあなたのもの。
無駄な努力はしないにかぎる。
心から楽しめて得意な仕事をやりとおすことが肝心だ。

給与の額より、人生を自分で決めることのほうが大切

人生を自分で決めることができれば、成功の手応えを実感し、高い業績をあげられるようになる。生活のために働くにしても、できるだけ自由がきく仕事を選んだほうがよい。

ことに、あなたが独創力や自主性を重視する性格で、独立心の強い人間なら、給与の額より運命の決定権を握ることのほうがはるかに大切なはずだ。

自由がきかない職場環境に身を置くのは人生にとって大きな負債となる。他人のふところを肥やすためだけの単調な仕事を黙々とつづけていては不満がたまるばかりだ。

悪くすれば、正常な思考力が失われ、早過ぎる死を迎えることにもなりかねない。

自主性を発揮できない仕事をしている人ほど大きなストレスと健康問題にさらされることがさまざまな研究からも明らかになっている。

英国政府の最近の調査によると、イギリスの公務員のなかで現職中に死亡した人の割合は、専門職や管理職に比べて肉体労働者や事務職のほうが圧倒的に多かった。

自由裁量の余地のない職にたずさわる者の死亡率が最高で、地位の高い管理職が最低だったことを調査は示している。

すなわち、成功を確実にするのは人生をできるだけ自分の手で操ることなのだ。人生の支配権を失ったとき、人間は不安を感じ、ストレスがたまりがちになる。

他人の下で働いていると、ことに大企業に就職した場合は、個人の自由を奪われ、焦燥感や自信の喪失につながりやすい。

昨今ではほとんどの企業が目先の利益だけにとらわれて、社員の心身の健康などまるで気にかけていないうえ、社員の自主性に任せようという太っ腹な会社などまず存在しない。

そんな窮屈な環境から飛びだして、人生を自分の手に取り戻したほうが身のためだ。

ナマケモノが「幸せなお金持ち」になるために㊻

天職を見つけよう。
やりがいが感じられる活動だけに全力を注ごう。
興味のない分野で優れた成果をあげるより
本当におもしろいと思える分野でそこそこの成果をあげたほうが
大きな喜びが得られる。

かといって、組織に属しているかぎり興味深い仕事や楽しい仕事は絶対にできないとはいい切れない。ある程度の自主性を認められ、実のある仕事をしている人が世の中には大勢いる。しかし、多くの場合、必要以上に長い時間、職場に縛りつけられることになるのは事実だ。今のまま会社に残り、ほかの人たちと同様に何も考えないで時間をやり過ごすことも可能だ。中身のない会議に出席し、誰も読まない報告書をまとめ、独創力の発揮しようがない作業に明け暮れ、決められた時間だけオフィスにすわっていることが苦にならない人もいるだろう。〝安定した〟職場が保証されているかぎり、年金天国に到着するまでの二十年間を耐え忍ぶことができる人たちだ。

だが、それ以外の人々にとっては、我慢するだけの生活は何の保証ももたらさないばかりか、人間としての自由を失うことを意味する。牢獄につながれているようなものだ。

一般的にいって、人生を自分の手で操る最善の方法は、組織から独立することだ。

勤務時間や仕事の内容が好きに決められる自由業者のほうが会社員に比べて人生の満足度が高いことは、調査によっても裏づけられている。

『フォーチュン』誌に載るほどの大企業で年収十万ドルを稼ぐストレスだらけの中間管理職より、年収一万五千ドルの自由業者のほうがはるかにのびのびとした毎日を送り、大きな充実感を味わっている。

何よりすばらしいのは、誰にも命令されないことだ。いつ、どこで、どんなふうに働こうとお好みしだい。自分が好きなことを、好きなときに、好きなように行なえばいいのだ。

ただし、ひとつ注意しておこう。自由業や自営業は誰にでもできるわけではない。

組織から独立するには強い意志の力が必要だ。商品やサービスを自分の手でつくりだしてそれを市場に持ち込むには信念と野望と体力も不可欠だ。

組織に属している人のなかには、組織が彼らを必要とする以上に、彼ら自身が組織を必要としている場合もある。

ナマケモノが「幸せなお金持ち」になるために㊼

自分を変えようと思ってはならない。

自分以外のものになろうとするのは時間の浪費だ。

天職と思える仕事をすれば、わずかな努力で楽に成功できる。

自然体で成功を収めること。

これが〝幸せなお金持ち〟の流儀だ。

リスクを覚悟で一歩踏みだす勇気がないなら、他人のために働きつづけたほうが身のためだ。ただし、その場合でも、できるだけ自由裁量の余地がある仕事や職場を選ぶべきだろう。

とはいうものの、独立を志している人の気持ちに水を差すつもりは毛頭ない。きっとうまくいくという自信があるなら、わたしであろうと誰であろうと、分別を説いて希望を捨てさせようとする他人の言葉に耳を貸してはならない。

自信の持てるサービスや品を提供すること、これが成功のための鍵だ。自主性を最大限に活かし、独創力を発揮して成功を収めた人たちの仲間に入るには、まず組織の枠組みから出るのが先決である。

もうひとつ注意しておきたいことがある。

独立の計画を家族や友人に打ち明けたとき、応援してもらえると期待しないことだ。多くの場合、返ってくるのは不安や疑念という否定的な反応だろう。

正気をなくしたのかときつく責められる場合もある。

実際のところ、正気をなくしているのはあなたを批判する側の人たちなのだが。

他人からの根拠のない批判や否定的な言葉を柳に風と受け流すことのできる人が、最後に大きな成功を収めるという調査結果もある。

周囲の意見をいちいち真に受けていたら、安全な職を捨てて、刺激的でやりがいはあるがリスクの大きな道に踏みだすことはできない。

独立しても一、二年は会社員時代と同等の苦労をするかもしれないが、少なくとも自分のための苦労だ。

あきらめずに働きつづければ、健康と自由と幸運をしだいに実感できるようになる。

自分のために働くこと以上の喜びはない。

本の執筆と、ときおり依頼される講演で生計を立てているわたしがいうのだから間違いない。

自分が本当は何をやりたいのか、時間と費用を惜しまずに模索してきた結果、わたしは心から楽しむことのできる仕事をマイペースでやっていけるようになった。

こんなすばらしい生きかたはない。

ナマケモノが「幸せなお金持ち」になるために㊽

何かの道をきわめたければ、よそ見してはならない。
偉大な業績を成しとげるための、もっとも重要な法則だ。
だがあまりに単純すぎて、誰でもつい忘れてしまう。

自分自身というお気に入りの上司がいるのに、なぜ他人のために働かなくてはならないのか。毎日、何時まで寝ていようと勝手だし、仕事に取りかかる前にコーヒーショップで魅力的な異性とお茶を飲むことも、自転車で遠乗りすることも、友人相手に二時間の長電話をすることも可能だ。うるさい上司から文句をいわれる心配はない。

ある程度の苦労する覚悟があるなら、あなたもカプチーノ片手にノートパソコンを叩く優雅な自由業者の仲間入りができる。

友人や知り合いのなかには、目の前にあるチャンスをうまく利用して、さまざまな職業に転身した人たちがいる。

彼らの現在の職業は、輸出入代理業、不動産ブローカー、経営コンサルタント、コンピュータのソフトウェア設計者、大学講師、作家、画家、セミナー講師、PR誌編集者、フリーの演出家などだ。

組織から独立することによって、彼らは長時間労働に別れを告げ、独自の能力を活かして自由に働けるようになったのだ。

〝幸せなお金持ち〟の法則に従って、一日に四、五時間しか仕事をしない人もいる。

独立しても、あっという間に金持ちになれるわけではない。

しかし、長い目で見れば金儲けのチャンスは大きい。

米国内での自営業者数は全労働者の二十パーセントに満たないが、富裕層の六十六パーセントを占めている。

独立すれば、自身の努力と才覚で富を生みだすことが可能なのだ。

成功への鍵は、自分がつくりだした商品やサービスが世のため人のためになり、高い報酬に見合うだけの価値があると心から信じることだ。

独立して成功を収めた末に大きな富を手にするかもしれないが、それはあくまで副産物であって最終的な目的ではない。

ナマケモノが「幸せなお金持ち」になるために㊾

天職を見つけたときは、すぐにそれとわかる。
とにかく、仕事とは思えないほど楽しいのだ。
おまけに多額の報酬もついてくる。
生活費を稼ぐ必要がなければ
無報酬でも、いや、大枚を投じてもやらせてもらいたいほどだ。

独立した最大の利点は金銭ではないと自由業者の多くが語っている。

最大の喜びは、知識と独創力を活かして、成功への道を自力で切り開いた点にある。

みずからの手でつくりだした商品やサービスが、人々のあいだで熱狂的に受け入れられるようすを目のあたりにした瞬間ほど大きな感動はない。


ナマケモノが「幸せなお金持ち」になるために㊿

どれほど仕事が楽しくても、油断は禁物。
成功という航海には何が起こるかわからない。
途中には乗り越えなくてはならない障害もあるだろう。
成否を分けるのは問題の有無ではなく、問題への取り組みかただ。
問題が困難であればあるほど、乗り越えたときの喜びも大きい。
そして、大きな困難を乗り越えてはじめて
偉大な何かを成しとげることができる。

成功の秘訣は、早起きして、よく働き、石油を掘り当てること。

──J・ポール・ゲッティ──


現代は労働過剰で教育不足の時代だ。人々は勤勉になるあまり、完全に知性を失っている。

──オスカー・ワイルド──

真に有能な労働者は、多くの仕事をかかえている者ではなく、
くつろぎとゆとりという大きな光輪に囲まれて
おもむろに仕事に取りかかろうとしている者のなかにいる。
──ヘンリー・デイヴィッド・ソロー──

大衆の知能程度を考えれば、並みの人間より頭がいいと言われてもあまり嬉しくない。

──W・サマセット・モーム──


人間には“生産的”であることよりもっと大切なものがある。

──フリードリッヒ・ニーチェ──


生産性だけが重視される社会では多くの品が作りだされるが、斬新な思想は生まれない。

──アルベール・カミュ──


おれを見てくれ。何もないところから出発して極貧にまで這いあがった。

──グルーチョ・マルクス──


聖人と呼ばれるような人間も、内心では職業の選択を誤ったと考えているものだ。

──ボブ・ストークス──


人は仕事を辞めるのではない。逃げだすのだ。

──ドーン・スティール──


自分の仕事が最高と思えたら成功だ。

──ジョージ・エリオット──


成功は幸せへの鍵ではない。幸せが成功への鍵なのだ。

自分の仕事を愛しているなら、それだけですでに成功者といえる。

──アルベルト・シュヴァイツァー──


人は仕事を選ぶのではない。仕事に呑み込まれるのだ。

──ジョン・ドス・パソス──


なにごとも、楽しいと感じてはじめて上達する。

──コレット──


ほとんどの人間はまるで無意味な仕事をしながら、退職時にようやくそのことに気づく。

──ブレンダン・フランシス──


自分の仕事を愛し、やりがいを感じる──これ以上の喜びがあるだろうか。

──キャサリン・グラハム──

苦あれば楽あり

みなさんは、こんな小話を聞いたことがおありだろうか。

ある地方の居酒屋で、初対面の男ふたりが会話を交わしていた。よくあるように、しばらくすると、なりわいは何かという話題になった。

ひとりがいった。

「昔からサーカスにあこがれていてね。二年待って、ようやくベイリー・サーカス団に就職できたんだ。毎日が楽しいよ、仕事はきついけどね。一日に十四時間働いてるのに八時間分しか払ってもらえないし、時給はたったの七ドルだ。トラックを洗って、床を掃いて、ごみを出して、象のおりの掃除をして、仕事は山のようにある。そのうち昇進させてくれるという話もあるが、今は毎日もっとしっかり働けとどなられてばかりだ」

もうひとりが応じた。

「そんなひどい職場によく我慢してるな。なんだったら、おれといっしょに働かないか？　組合の仕事だから楽なもんさ。待遇がすごくよくて、初任給は時給十八ドル、残業代は通常の二倍だ。仕事は簡単。どぶさらいをするだけだぜ！」

間髪を置かずに、サーカスの男が答えた。

「なんだって？　ショービジネスから足を洗ってどぶさらいをしろだって？　よしてくれ！」

ナマケモノが「幸せなお金持ち」になるために㊿

苦労がすぐに報われると思ってはいけない。
最初は、得るものより差しだすもののほうがはるかに多い。
割合でいうと、およそ五倍から十倍の投資が必要だ。
しばらくすると、投入しただけのものが返ってくる。
だがやがて、投資額の十倍、二十倍を手にしている自分に気づく。
そのとき周囲の人たちは
なぜあなたがそんなに幸運なのかと首をひねるだろう。

サーカスであろうとどこの世界であろうと、新しい分野に足を踏み入れたら下積みの時代を避けて通ることはできないというのがこの小話の教訓だ。

もちろん、なかには耐え忍ぶには値しないほど大きな犠牲を求められる場合もある。

しかし、なんでもたやすく手に入ると思っているなら、大きな失望を味わうだろう。

人生においては現在をできるだけ楽しむことが大切だが、それは決して楽な道ではないことも忘れてはならない。

夢がかなう日がいつかはくるとしても、最初は安い給料でつまらない雑用を劣悪な環境で行なう覚悟が必要だ。

はじめの数年はポルシェ・ターボでなく、おんぼろ車で我慢しなくてはならない。

前の職場よりさらに長時間の労働を強いられるかもしれない。世の中とはそんなものだ。

少々面映ゆいが、読者のみなさんを退屈させるリスクをあえて冒して、わたし自身の体験談をお聞かせしよう。

ある程度の成功を収めた人間は誰でも経験することだが、わたしも陰口を叩かれた。

あいつはたまたま運がよかっただけだ、おれたちより恵まれていたのだ、という声があちこちから聞こえてきた。

実際のところ、わたしが持ち合わせていたのは世間並みの思考力と、中学三年生並みの文章力、そしてなんとしても成功してみせるという強い意気込みだけだった。

普通の人より恵まれていた点は何ひとつない。

本当の話、この業界に入った当初は、コメディアンのロドニー・デンジャーフィールドほどの敬意も払ってもらえなかった。

一九八九年の秋、最初の著書を出版した直後のことだ。

いかにして独創力を高めるかというハウツー本をものしたわたしは、この分野の講演やセミナーの講師として大成功するよう運命づけられているのだと確信した。


ナマケモノが「幸せなお金持ち」になるために㊾

何かを成しとげるには苦労がつきものだ。
しかし、世間の人たちと同じ時間と労力を注ぎ込む必要はない。
柔軟な発想力やひらめきの持つ力と価値を見くびってはいけない。
成功の階段は一段ずつ上ることもできるし
独創力を発揮して数段飛びで上がっていくこともできる。

一回の講演料が二万ドルを超えるトム・ピーターズやアンソニー・ロビンスのような存在になるのは時間の問題だ。

めざすべきは、新たな企画をつねに模索している進歩的な企業がひしめきあう大都市、バンクーバーだ。

アルバータ州エドモントンのような田舎に引っ込んでいる場合ではない（と当時は思った）。講演やセミナーの依頼に多くの企業の担当者が列をなす姿が目に浮かんだ。

バンクーバーへの引越しは、結論からいうと、わたしにとって最良の、そして最悪の経験だった。

嬉しかったのは、生まれてはじめてエドモントンという名の不毛の凍土以外の場所で冬を過ごすことができたことだ。

ちなみに、エドモントンはわたしの生まれ故郷である。

ところが、バンクーバーへの引越しを終えた当時のわたしのふところ具合は最悪で、神経を病んでいる余裕もないほどだった。

借りたアパートに備えつけられていた数少ない家具は、救世軍も引き取ってくれないような代物ばかり。

車は十年も酷使されたおんぼろで、ガソリンを満タンにするたびに車全体の価値が倍になった。

バンクーバー名物の雨に欠かせない安物の傘だけが、わたしの財産だった。

サイモン・フレイザー大学である講座を受け持たせてもらえることになったが、給料は月にわずか五百ドル程度。

貯金は千ドルで、かかえている学費のローンが二万五千ドル、そして講演の予定が一件もない状態では、ロールスロイスを購入することも執事を雇うことも問題外だ。

あまりにも悲惨な状況に、一時は目抜き通りのグランヴィル街まで出かけて、物乞いの人にお金をめぐんでもらおうかと思ったほどだ。


ナマケモノが「幸せなお金持ち」になるために㊸

誰もあなたに無理難題を押しつけていない。
あまり背伸びをしないことだ。
期待した結果がいつも得られるとはかぎらない。
自分の限界を知ったうえで最善を尽くしたとき
人は完璧に近づくことができる。

それでも、悲観的にならないようにつとめた。逆境には人を酔わせる一面もある。まるでパリの貧しい画学生になった気分だった。

いつの日か、誰かがわたしの伝記を書き、この苦しい時期をばねに、いかにして輝かしい成功を勝ち取ったかを後世の人間に伝えるに違いない。

自分が今体験している窮状は、かつてない感動的な成功譚として、いつか『サクセス』や『フォーチュン』や『アントルプルナー』や『ビジネスウィーク』などの経済誌に掲載されると信じていた。

バンクーバーで過ごした八カ月には楽しい思い出もある。

知らない街で暮らすのは刺激的な体験だった。

あれ以来、わたしはこの街を第二の故郷と呼んでいる。

ふところは寂しかったが、週に一度はちゃんとしたレストランで食事をすることに決めていた。

雪に埋もれて外出もままならないエドモントンと違って、鼻歌まじりにサイクリングを楽しめるのもバンクーバーの魅力のひとつだ。

もちろん、すべてが順調にいったわけではない。

八カ月経っても、ふところ具合はいっこうに改善しなかった。

セミナーや講演の依頼は相変わらず一件もない。

極寒のエドモントンを逃げだしてきたものの、バンクーバーの冬はひどくじめじめして、ときには故郷に負けないくらいの寒さになることを知った。

春が近づくころには資金が底をついて、いっさいの支払いができなくなった。

独創力向上のコンサルタントやセミナーの講師になる夢をあきらめ、自他ともに敗北を認めて、故郷に帰る決意を固めた。

四月中旬にエドモントンに帰った直後は、とりあえず短期間だけどこかに就職しようかと真剣に考えた。

仕事の予定は、五月にセミナーの予約が一件入っているきり。

車はほとんど使い物にならず、食事は豆と米があれば上等だった。

ナマケモノが「幸せなお金持ち」になるために⑭

想像の翼を広げれば、進むべき道が見えてくる。
その道に歩みだす力を与えてくれるのは熱意だ。
しかし、忍耐強くなければ目的地に到着できない。

修理代を捻出できないので、壊れないように注意して自転車に乗った。

さらに悲惨なことに、部屋代を倹約するために同居していたルームメートは性格の悪い男だった。それでも、悲観的にならないようにつとめた。

わたしは赤貧で、一文なしで、すかんぴんで、金欠病で、からっけつで、一枚の請求書を支払う資力もなかった。

だが、貧しさには負けなかったし、誇りを失うこともなかった。

どんなときも希望を失わずに、自分がいちばんやりたいこと――本の執筆とセミナーの開催――をめざして努力をつづけた。

それからまもなく転機が訪れた。魔法によるものか、神の御心か、はたまた運命のいたずらか、偶然の産物か、わたしにはわからないが、人間、強く願えば夢がかなうものだ。

九月と十月にセミナーを開いてほしいという予約が入り、五月には一万五千ドル相当の収入が約束されていた。嬉しかったろうって？

嬉しいなんてものじゃない。まさに有頂天だった。そのあと翌年の一月まで講演の依頼はなく、その後には四千五百ドル相当の仕事があるきりだった。

事態が本当に好転したのはそれからだ。

一九九一年のなかばには、『ゼリンスキーの法則―働かないことのススメ』を自費出版する資金が用意できた（といっても、半分は借金でまかなったが）。

この本で提唱されている法則に従って、わたしはそれ以来快適に暮らしている。この本が現在までにもたらした収入は二十万ドルに近い。何より重要なのは、わたしがこの仕事を楽しんでいることだ。さらに、一日の労働時間はわずかに四、五時間。

仕事中毒の大富豪たちよりはるかに自由で豊かな生活を満喫している。

あこがれの職業につくためには、わたしが経験したように、困難な暮らしを強いられる場合もある。

真にやりがいがあって、しかも高収入の仕事を自分のものにするには、下積みの時代を経なければならない。


ナマケモノが「幸せなお金持ち」になるために55

人生を甘く見てはいけない。

最初の成功はまぐれ当たり。

あるいは、吹聴するほどのものではないのかもしれない。

いい替えれば、自分で選んだ目的のために身を捧げる覚悟が必要なのだ。

その覚悟がないと、何かまずい事態になりそうだと感じた瞬間に逃げだすことになる。

禅の教えによると、人間は苦しみを通して真の解放を得るのだそうだ。

新しい分野で成功するには苦労がつきものだが、その過程は決して無駄にならない。

苦あれば楽ありだ。

恐れを克服して未知の何かに足を踏み入れれば、魔法が起こる。

ゲーテもこういっている。

「自信があるなら、実際にやってみることだ。行動には、魔法と恵みと不思議な力がそなわっている」

芸術や芸能の世界で大物といわれる人たちに成功の秘訣を尋ねたら、おそらく苦労話ではなく、さまざまな運に恵まれたという話が返ってくるだろう。

運というより偶然の産物だという人もいるし、たんなるまぐれだよと皮肉っぽく語る人もいる。

どう呼ぼうと勝手だが、夢見ていた仕事に向かって本気で取り組んだとき、あなたもきっと同じような経験をするに違いない。

たしかに、下積みの時代はつらい。

しかし、目標に近づくための確実な一歩ではある。

もっとも楽な方法で幸せを手に入れるのが、〝幸せなお金持ち〟の流儀だ。

そして、長期的な充実感と幸せを得るためのもっとも確実で楽な方法は、現在自分がいちばん情熱を感じている活動に全力を注ぐことである。

夢を実現させるために避けて通れない困難な仕事や責任や退屈な作業をうまく処理するすべを覚え、さらに喜んで立ち向かう姿勢を身につければ、人生の目標に向かって自分が着実に歩んでいることを実感できるはずだ。

苦労に耐え抜いたとき、人はめざしている新しい仕事につく資格を得たといえる。

困難を克服して成しとげた成功は、より大きな満足感をもたらすに違いない。

ナマケモノが「幸せなお金持ち」になるために㊻

何もしないのが正解だと思えるときは、じっとしていること。
なりゆきにまかせたほうがよいときもある。
あせって手を出すとろくなことにならない。

一万ドルのために魂を売ると、将来もっと大きな出費を迫られる

人間は金のためなら法を犯すことも、倫理にもとる行動に走ることも、胸の悪くなるような犯罪に手を染めることもいとわない。

配偶者を裏切り、良心的な雇用主から金をくすね、強盗に押し入り、罪のない人を傷つけ、見ず知らずの相手と性関係を結び、金めあてに親戚を殺し、無垢な子どもを誘拐し、わが子を売る。まさになんでもありの世の中だ。

なかにはたっぷりとした報酬を期待して魂を売ろうと考える人たちもいるが、残念ながら、その考えは甘い。

世の中には安易な方法で金儲けしようとたくらむ人間がいくらでもいるので、魂の供給は需要を大きく上まわっている。どう考えても、あまり高く売れるとは思えない。

オンタリオ州フェネロン・フォールズに住むスターリング・ジョーンズは、自分の魂がいくらで売れるのかを知るために、ネット・オークションのイーベイに広告を出した。

最初についた値は一ドルで、しまいには二十ドル五十セントにまで達した。

しかし、ジョーンズ氏が売買の対象となる品を所有し、かつ納品できる裏づけはないという

イーベイ管理者の判断で、取り引きは中止された。魂を売ることに失敗した者は、手っとり早く金を稼ぐために詐欺や窃盗に走ればいいと考える。

ぜいたくな暮らしを実現させるために、誘拐や強盗、さらには殺人というより深刻な犯罪に手を染める者もいる。実際の話、北米で発生する犯罪の約九十パーセントは金めあてだ。

発展途上国であれば生活の苦しさゆえにときに数ドルの盗みを働くのは理解できる。だが、西欧先進国でまともな収入を得ている者が宗教の教えや倫理的価値観を捨ててまで不法に金を得ようとするのは信じがたい。

ナマケモノが「幸せなお金持ち」になるために㊼

どんなに苦しくても、つねに誠実さを忘れずに。
いつか、そうしてよかったと思う日がくる。
欺瞞《ぎまん》や強欲によってつかんだ大成功は
誠実なやりかたで手にしたささやかな成功の
五分の一の喜びももたらさない。

まっとうなやりかたで稼ぐ方法がいくらでもあるのに、ビジネスマンや弁護士や大学教授や政治家が、それでなくとも高額な収入をさらに増やそうとして不法な活動に手を染めるのはあまりに悲しい。

世の中、才能には恵まれていても、心理的な問題をかかえる人間が少なくないということだ。正直者は金持ちになれないというういいかたをよく耳にするが、それはやる気のない不誠実な人たちのつくり話だ。むしろ、自力で巨万の富を築いた人々の成功の秘訣は、取り引きにおけるつねに変わらぬ誠実さにあると多くの調査が明らかにしている。

さらに、不利な条件に置かれた人たちがりっぱな仕事ぶりを発揮して驚くほどの成功を遂げている例も多い。成功の手応えとある程度の経済力を手に入れるには、人間として誠実であることが不可欠だ。自分を大切にする人間なら、金のために信念を曲げるようなことはしない。たとえ一時の気の迷いで過ちを犯しても、すぐに本来の高潔さを取り戻すはずだ。

〝幸せなお金持ち〟は、心の平安と信頼を失う結果を招きかねない胡散くさい話には心を動かされない。その必要がないのだ。みずからの能力に自信を持っている人間は、目の前にある豊富なチャンスを上手に活かして、誠実で良心的な生きかたをすることができる。

あらためて問われたら、誰でも自分は誠実な人間だと胸を張って答えるが、実際には誰の心にもいくぶんか不正直な部分があるものだ。

完璧な人間などこの世には存在しない。わずかなこづかい銭ほしさに悪魔と取り引きした経験がないといい切れる人間はほとんどいないだろう。問題は、どこで軌道を修正するかだ。うまい儲け話を持ちかけられたときは、正直な生きかたと高潔さを忘れないよう自分にいい聞かせるのが何よりだ。間抜けな連中から何ドルかくすねてもどうってことないじゃないかという人には、こうお答えしよう。小さな悪事はやがて大きな形でわが身に返ってくる。

つまり、仏教で言うところの因果応報だ。

過去の行ないはよかれあしかれ、当人のところに戻ってくる。

ナマケモノが「幸せなお金持ち」になるために ㊽

成功と金への飽くなき欲望は人間の品性を破壊する。
他人を利用するのでなく
他人に尽くすことで成功を手に入れよう。
鏡のなかに見えるもの、それがあなたにとっていちばんの厄介者だ。
さらに、悪党の姿まで目にしたくはないだろう。

このことを心にとめて、目先の利益を追い求めず、あくまで誠実に良心的にふるまったほうが身のためだ。自分自身に対して正直であるかどうかも非常に大切な要素だ。

口で偉そうなことをいっても、実行がともなわないのでは何もならない。

相手が誰であっても、つねに誠実な対応を心がけよう。そうすることによって、誘惑に負けなかったという大きな安堵と誇りを胸に抱くことができる。

ヘンリー・ミラーはこんなふうにいっている。

「大多数の人達と少数の高潔な人間とを隔てるのは、信念どおりに行動できる能力の有無だ」

もしあなたが誠実な態度や高潔さ、そして人間としての良識を尊重するなら、たとえ周囲の人々が正反対の行動をとろうと、自分の信念を貫きとおすべきだ。

仕事に関していうなら、あやしげな商売にはかかわらないこと。どんなに大儲けが期待できそうでも、君子危うきに近寄らずだ。人をだませば簡単に金儲けができるかもしれないが、今日、一万ドルで魂を売ると、将来それ以上の出費を迫られることになる。

高潔さはあなたの人格と生きかたからにじみ出るものだ。どれほどの大金が入ってこようと、いったん失われた高潔さは二度と取り戻すことができない。

わずかでも道をそれれば、その事実が発覚するのは時間の問題だ。そうなったら、誰もがあなたとの取り引きに二の足を踏むようになるだろう。人々の信頼を裏切ってはならない。

堅実な関係を築くには、たがいの信頼が何よりも大切だ。忘れてならないのは、双方にとって有利な取り引きをめざすことだ。

マフィア並みの神経の持ち主でないかぎり、相手をあざむいて心の平安を得ることはできないし、その手の行為は自分自身にとってもマイナスだ。

どんなに大儲けできても、他人からの信頼や自分への尊敬を失っては楽しい気持ちになれない。不要なストレスなしに成功と幸せを手に入れるには、自尊心と品位を保ちつづけることが重要だ。毎朝鏡を見るたびに自己不信に陥るのではあまりにつらい。

〝幸せなお金持ち〟としてもっとも楽に成功をつかむコツは、たとえどんな事情があっても、誰のためであっても、決して正直な態度を失わないことだ。

ナマケモノが「幸せなお金持ち」になるために㊾

世の中すべて因果応報。
仏陀の教えにあるように、人間は自分の所業から逃げられない。
現在のふるまいが将来どんな結果を招くか考えてから行動しよう。

仕事は人間を成長させるものであって、金儲けの手段ではない。
―― エルバート・ハバード ――

わたくしたちがこの仕事をしていることが奇跡なのではなく、
この仕事に喜びをおぼえることが奇跡なのです。
―― マザー・テレサ ――

人を偉大な事業に向かわせるのは、情熱、しかも燃え盛る情熱だけだ。
―― ドゥニ・ディドロ ――

彼は心をつくしてこの仕事を行ない、そして成しとげた。
―― 聖書『歴代志下』三十一章二十一節 ――

食べるために働くなんてくだらん。そんな仕事をしても誇りは持てない。
貧者を搾取する豚どもを太らせるだけだ。
だが、自分が心からやりたいと願う仕事、天職と感じられる仕事は人間を気高くする。
仕事とは本来そういうものだ。私を見ろ、サトゥルノ。私は決して働かない。
縛り首にすると脅されても働く気はない。それでも私は生きている。
自慢できる暮らしぶりではないが、少なくとも食べるための仕事をせずに生きている。
―― ルイス・ブニュエル ――

おのおのが持って生まれた才能を活かして、然るべき時期に、
ひとつの仕事に集中して取り組むなら、現在より質のよい品を大量に生産できるはずだ。
―― プラトン ――

自分ならではの仕事をつくりだせる女性が、名声と富を手に入れる。
―― アメリア・エアハート ――

多くを成しとげた人は、きっと多くを夢見た人だ。
―― スティーヴン・リーコック ――

持って生まれた才能と社会の要求が出会ったとき、天職が生まれる。
―― アリストテレス ――

目標をきっちり定めること。スターになりたいのなら、よそ見をしてはだめ。
―― マリリン・ホーン ――

夢中になれる仕事のない人生は地獄。
―― エルバート・ハバード ――

どんな偉業も、あふれる熱情なしには成しとげられなかった。
―― ラルフ・ウォルドー・エマソン ――

嫌いな仕事で成功するくらいなら、好きな仕事で失敗したほうがましだ。
―― ジョージ・バーンズ ――

第3章

独創力が富を生む

知恵の泉は決して涸れることがない

どの時代や文化や宗教にも共通するのは、人間には人生を価値あるものに変えていく驚くべき能力が備わっているという考えだ。

成功をもたらすのはその人の人生観であり、その人生観は自由な発想ができるか否かによって大きく違ってくる。

実際、独創力を活かすことによってはじめて人生は豊かなものになるのだ。

真実と同様、独創的な思考は人間をさまざまな束縛から解き放つ。

成功をめざしてがむしゃらに働く必要もなくなる。

創造性あふれる活動ほど、人生に大きな利子を与えてくれるものはない。

つまるところ、〝幸せなお金持ち〟の生きかたの真髄は、独創力や発想力にあるのだ。

努力を怠らずに前向きに生きる人間にとって、独創力は力強い武器になる。

専門家の調査によると、独創力を活用している者とそうでない者の差は、意識の持ちかたにあるのだそうだ。

特別な能力が必要なわけではない。

自分にしかないひらめきを活かして経済的な成功を収め、精神的な安定を手に入れることはあなたにもできる。

著名なテレビ司会者のデヴィッド・レターマンがいうように、〝知恵の泉は決して涸れることがない〟のだ。

独創力や発想力の活用は、人生の質を最大限に高めることにつながる。

自分は創造性豊かな人間だと心の底から信じれば、人生の目標に向かって着実に歩みだしたのも同然だ。

ナマケモノが「幸せなお金持ち」になるために⑥⓪

ひとつの努力に対してひとつの結果が得られると思わずに
達成への道のりを楽しもう。
いついつまでに成功しなければならないと思い込むのは不幸のもと。
それなりの努力をしたら
あとは運を天にまかせよう。

次にご紹介するのは、拙著の『野望を抱くことのススメ（The Joy of Thinking Big）』で提唱した、独創力に関する十七の法則である。

意識して独創力を働かせる
多くの選択肢を視野に入れる
アイデアが浮かんだら書きとめる
その内容をしっかり検討する
問題のありかを突きとめる
問題をチャンスと受けとめる
あたりまえと思えることに着目する
リスクを覚悟する
あえて他人と違う行動をとる
分別くさくならない
他人の目を気にせずに楽しむ
心の声に従う
今を生きる

型破りな考えかたをする
ルールや法則は疑ってかかる
大きな決断は熟考の末に下す
忍耐と不屈の精神を忘れない

以上の十七項を守れば、誰でも――むろんのことあなたも――もっと独創的な人間になれる。この法則にどの程度寄り添えるかが、人生の成功や幸福を左右するといっても過言ではない。この法則は、自由業の方にも会社員にも実行可能だ。

ナマケモノが「幸せなお金持ち」になるために㊶

独創力に関するふたつの法則。
誰でも独創力を発揮して社会に貢献する能力がある。
ただし、自分は例外だと誰もが考える。

経済的観点からすれば、人間の持つ最大の財産は教育でも肩書きでも家屋でも預金でもない。最大の財産は頭脳だ。将来何倍にもなって返ってくることを思えば、豊かな独創力には少なくとも百万ドルの価値があるといえる。

独創力は、富を生む泉だ。

独創力をさらに磨くことによって、金儲けのアイデアもどんどん湧きでてくる。

何で食べていくか自分なりの計画を立てていくうちに、富に近づきつつあることが実感できるはずだ。

頭に浮かんだアイデアはかならず書きとめておくこと。

わたしは木のイラストを紙に描いて、著作のヒントや金儲けにつながりそうなちょっとしたアイデアを新たな枝として書き足していくことにしている。

ものごとがうまくいかずに落ち込みそうになったとき、この木は驚くほどの勇気と励ましを与えてくれる。

みずからの独創力を強く信じれば信じるほど気持ちの余裕と自信が生まれ、あくせく働くことなしに大きな富を手にすることができる。

とはいっても、今すぐ七万五千ドルのポルシェやＢＭＷの新車をぽんと買って、ふところの豊かさを世間に見せつける必要はまったくない。

それは、数百万ドルの預金ができたときのお楽しみにとっておこう。

反対に、新しい仕事の打ち合わせで友人と会うとき、二十五ドルの食事代を惜しんではいけない。

きちんとした店での食事は、将来手にするであろう成功と富を実感する絶好の機会だ。

独創力が人間にとって最大の財産であるからには、ポルシェやBMWのスポーツカーより慎重な扱いが必要である。


ナマケモノが「幸せなお金持ち」になるために62

才能と強運に恵まれなかったことをいい訳にしてはいけない。
重要なのは、どういう境遇に生まれたかでなく、どう生きたかだ。
才能や運の不足は独創力で補える。
人生はポーカーのようなものだ。
エースを三枚持っていても
賢く使わなければ勝てない。

最高の利益を引きだすためには、厳重に保守管理を行ない、定期的に磨いて微調整することが求められる。

肝心なのは、いかにして独創力をさらに磨くかだ。

独創力を高める方法については数多くの書物が出版されている。

ビジネスの観点からいうと、わたしのお気に入りはロジャー・フォン・イーク著の『頭にガツンと一撃』（邦訳：新潮社）だ。

書名がすばらしいだけでなく、内容も楽しくて読みやすい。

もう少し上品に独創力をものにしたいとお望みの方には、ジュリア・キャメロン著『ずっとやりたかったことをやりなさい』（邦訳：サンマーク出版）をお勧めする。

どの分野の方にも役に立つこと請け合いだ。

そして、この手の書物は、一、二冊読んだらそれでおしまいというものではない。

わたしは新しい本が出版されたらすべて目を通すことにしている。

多くの本を読めば読むほど、独創力がより力強い武器となって、あせらずに目標の達成に近づくことができる。

一九六〇年代に米国の副大統領を務めたヒューバート・H・ハンフリーは述べている。

「アメリカの進歩の多くは、個々の人々によって支えられてきた。無からアイデアを生みだし、研究を重ねて具体的な形に変え、逆境にあってもくじけずに努力しつづけ、そしてようやく商品の誕生にこぎつけ、販売して、その結果、利益を得た人たちだ」

たしかなのは、何があろうとこの流れは将来も変わらないということだ。

革新的なプロジェクトに取り組む人々は今後も社会に大きく貢献しつづけ、それと同時に、個人としても最大の成功を収めるだろう。

ナマケモノが「幸せなお金持ち」になるために㉝

独創力こそもっとも高価な財産であり
最高の保険だ。
だからこそ、車より心の点検を頻繁に行なう必要がある。
ただし、心より車のほうが大切という人は
どうぞご勝手に。

人が執筆や絵画や彫刻や建築や発明に夢中になるのは、文字どおり地獄から抜けだすためだ。

──アントナン・アルトー──


何ができるかでなく、何ができないかを見きわめることが大切なときもある。

──林語堂──


無報酬でも、とにかく三年間は執筆に専念することだ。

三年経っても誰にも見向きされなかったら、あとは自分のためだけに書きつづければいい。

──マーク・トウェイン──


役に立たない人間が多いのは、自分の適性を考えずに、見境なく何にでも手を出すせいだ。

──ナサニエル・エモンズ──


できるならほかのことをしたいという気持ちが心をよぎらないなら、それは労働ではない。

──Ｊ・Ｍ・バリー──


偉大なるガーシュウィンと仕事ができてじつに誇らしかった。

無給でもかまわないと思ったね。実際にそうなったが。

──ハワード・ディーツ──


苦しみを喜びに変えることは可能で、誰でもそうすべきなのです。

──マザー・テレサ──

十年か十一年ほどは失敗がつづいた。うまくいかないときは何をやってもうまくいかないものだ。
現在は、きわめて厳しい経済状況をなんとか乗り切って映画を完成させ、
復帰への努力をしているところだ。
──フランシス・フォード・コッポラ──

無益でやりがいのない労働ほどむなしい罰はない。

──アルベール・カミュ──


持って生まれた才能を無駄にしてはいけない。運命に素直に従えば、いつかかならず成功できる。

──シドニー・スミス──


真の大罪はただひとつ、忍耐心の欠如だ。

そのために、われわれはエデンの園から追いだされた。

そのために、戻ることもできない。

──Ｗ・Ｈ・オーデン──


全能の神は、根気のない人間がお嫌いだ。

──サミュエル・フェセンデン──

独創的な思考は、心に巣食う不安や恐れを取り除く

本書の大前提を今一度思いだしていただきたい。あくせく働かずに楽に成功を得たいと願うなら、頭を使うことだ。ただし、どんなに頭を使っても方向が間違っていたら何もならない。必要なのは、前向きで独創的な思考だ。

前向き思考が身につけばつくほど、不安や恐れは減っていく。ある調査によると、人間の頭脳をよぎる思考の数は、個人差はあるものの、平均して一日およそ七万に達するという。

ナマケモノが「幸せなお金持ち」になるために㊹

新しい分野に一歩を踏みだすときは、想像力を最大限に活用しよう。
周囲の信頼を得るには、経験豊かな人たちの十倍のひらめきが必要だ。
心配はご無用。
実際にやってみればそれほどむずかしいことではない。

「すごいじゃないか！　ひとつひとつの考えの断片が実際の行動に結びついたらと想像するだけでも興奮するよ」とお思いだろうか。

考えかた自体は悪くはないが、ちょっとした問題がふたつばかり存在する。

第一に、普通の人間が思いつくようなことは、すでに誰かが考えている。

第二に、その手の思いつきの大部分は、不安や恐れから発生した否定的な考えである。

独創力や発想力をもっとも大きくそこなうのは、不安や恐れという感情だ。

作家を志す者は、受け入れてもらえないのではないかという不安のせいで、なかなか出版社に原稿を持ち込むことができない。

演技の才能があっても、俳優になる夢を両親に反対されてロースクールに進学する者は少なくない。

すばらしい声の持ち主なのに、歌手では食べていけないと考えて会計士になる道を選び、毎日を鬱々と過ごす人もいる。

同様に、不安や恐れに支配されて、必要以上に長い時間を会社で過ごしている人も多い。豊かな老後を保証する唯一の道は懸命に働いて会社への貢献を認めてもらうことだと信じ込んでいるせいだ。

その結果、ストレスだらけの不健康な毎日を強いられ、人生への幻滅を味わうことになる。

断言してもいいが、前向きなエネルギーを生みだすのは前向きな考えかただ。

恐れや不安、ねたみや憎しみ、そして怒りといった否定的な感情は人間の心を抑圧し、目標に向かって進んでいく気持ちに水を差す。

前向き思考によって不安や恐れを克服してはじめて、心の豊かさとまずまずの収入を手にすることができるのだ。

自己啓発セミナーのなかには、否定的な感情を持つのは甘ったれている証拠だと主張するものもある。

とはいっても、否定的な感情を完全に捨て去ることはおそらく不可能だろう。

だが、その多くを取り除くことによって、夢に近づきやすくなるのはたしかだ。

ナマケモノが「幸せなお金持ち」になるために65

人生はすべて自分の思いどおりになると想像してみよう。
問題は、なぜ想像の世界にとどめておくのかという点だ。

具体的な例として、わたしがいかにして不安や恐れを克服して経済的な余裕と心の安定を取り戻したか、その経緯をお話しよう。

本書の執筆に取りかかる三年前、自費出版した数冊の本の売り上げがしだいに減って、わたしの収入ははなはだ心もとなくなった。すでにある程度まとまった額の預金は確保していたが、新たな収入のめどがつかないことがいつも頭の隅に引っかかっていた。

数週間悩んだあげく、定期収入を得るためにどこかに就職しようかと考えるまでになった。

(今になって考えれば、頭がどうかしていたとしか思えないが。)

当然のことながら、いくら悩んでも事態は好転しなかった。そんなある日、お気に入りのコーヒーショップにじっくりと腰を落ち着けて、自分が歩んできた道にあらためて思いをめぐらせた。

一時は三万ドル以上の借金をかかえ、翌月の家賃を払えるあてもなかったが、それでもくじけずに努力をつづけた結果、作家として食べていけるようになったのだ。

自分が文句をいえる立場ではないことに、わたしはとつぜん思いあたった。

健康には恵まれている。独創力も豊かなほうだ。

実際、このふたつには金で買えない価値がある。

このことに気づくと、ゆったりとした心持ちで、前向きに考えられるようになった。

不安や恐れが消え去ったとたんに、驚くような変化があらわれた。

三十分もしないうちに、三冊の本のアイデアが浮かんだのだ。

現在までに、そのうちの二冊が出版されている。

残りの一冊は、本書を含めたべつの三冊の執筆後に取りかかるつもりで、手をつけずに置いてある。これというアイデアが浮かばなくなったときの隠し玉だ。

不思議な話だが、あの日、不安や恐れを三十分間だけ心から追いだしたのがきっかけとなって、わたしはスランプを脱出できた。

事態を冷静に見られるようになったとたん、心に巣食っていた不安は姿を消した。


ナマケモノが「幸せなお金持ち」になるために㊿

心の持ちかたが人生の色模様を決める。
人生はらくちんと考えるか
あるいは、人生はつらいと考えるか。
どちらにしても、考えたとおりの人生を送ることになる。

この日を境に、時流に乗った作品を生みだすことのできる独創力豊かな作家に返り咲いたのだ。それからの三年、わたしの一日の仕事時間はそれまでの四、五時間から二、三時間に減った。快適な暮らしをつづけながら、預金額はさらに四万ドル増加している。

たとえ一日に二、三時間であろうと、独創力を行動に移すことによって十分な収入が得られるのだ。

もしもあのときいつまでもくよくよと悩んでいたら、現在の生活はなかっただろう。経験者だからこそ断言できるのだが、どんな問題に直面してもあせってはいけない。自分が置かれている苦しい状況を思い悩むより、あっさり負けを認めたほうがはるかにましだ。そして事実を事実として受け入れて分析したうえで、建設的な解決策を考えだすのだ。

建設的な解決策を実行に移すには、もし失敗したらという恐れを克服しなければならない。経済的な問題であろうとそれ以外の問題であろうと、打ち勝つためには正面から立ち向かうことが必要だ。

不安という幽霊は、放置しておくと際限なく膨れあがって、心の平安を奪い去り、人間をがんじがらめにしてしまう。

くよくよ悩んでいては、金儲けや成功につながる画期的なアイデアは浮かばない。かろうじて二、三のアイデアを絞りだしたとしても、悲観的な精神から価値あるものは生まれにくい。

それに、もしすばらしいアイデアを思いついたとしても、実行に移すだけの勇気を絞りだすのはまず無理だ。

人間形成のためにはある程度の気苦労や心配事が役に立つと考える人もいる。しかし、実際は逆だ。すべてとはいわないが、心配事の多くはなんの役にも立たない。

ナマケモノが「幸せなお金持ち」になるために㊼

大志を抱く必要はない。
だが、少なくとも自分の頭で考える習慣を身につけよう。
わずかでも独創的な考えができるようになれば
ほかの人たちより一歩前に出られる。
自分の頭でものを考えない人間は
意味のない社会通念やしきたりの奴隷になる。
社会に貢献するチャンスもない。

極端な場合には、事態をますます悪化させることになる。

どう考えても、不安や恐れは豊かな人生を実現させるうえでのマイナス要素だ。心の活力を奪い取って、本来手に入れることのできるはずの成功を遠ざけてしまう。

心配のし過ぎや、問題解決への一歩を踏みだすことへの恐れは、独創力の妨げとなるだけでなく、人生の目標として心に描いてきた夢やあこがれを消し去ることにつながる。

くよくよと思い悩むのは、たちの悪い隣人を高倍率の双眼鏡で観察するようなものだ。問題は消えるどころか、実際よりさらに大きく、さらにたちが悪く見えてくる。

ナマケモノが「幸せなお金持ち」になるために㊻

いくらお粗末な頭脳にも
たまにはすばらしい思いつきのひとつやふたつは浮かぶものだ。
しかし、思いつきはあくまで思いつきでしかない。
どれほどすばらしい思いつきも
実行に移さないかぎりなんの役にも立たない。

楽しみのために本を書くのは素人だけ。執筆は楽しい作業ではない。

溝掘りと登山と出産を全部合わせたような苦労をともなう。

執筆は人を活気づけ、酔わせ、苦しめ、そして救う。けれど、楽しいだなんてとんでもない！

──エドナ・ファーバー──


成功者でなく、高潔な人間になりなさい。

──アルバート・アインシュタイン──


悪辣な手段で金を儲けようと思うな。不正に得た金は、利益でなく損失だ。

──ヘシオドス──


正直であろうとするのは、言ってみれば、一万人にひとりの人間になることだ。

──ウィリアム・シェイクスピア──


無知な貧者が嘘と盗みをくり返すのは、裕福で学のある人間が手本を示すからに他ならない。

──エルバート・ハバード──

よき将来のために現在を犠牲にしたことのない者や、
世のためにおのれを犠牲にしたことのない者が幸せについて語るのは、
盲人が色について語るのに等しい。
──オリンピア・ブラウン──

生来、人間の能力に大差はない。その後の精進によって大きな違いが生まれる。

──孔子──


人は天才に生まれるのではない、天才になるのだ。

──シモーヌ・ド・ボーヴォワール──


ごみもうまく使えば宝になる。

──エリザベス・ベレズフォード──


才能は、貧者にとっての富の泉。

──マシュー・レン──


金儲けのことしか頭にない人間に、崇高な思想は宿らない。

──ジャン・ジャック・ルソー──


幸せとは、達成の喜びと創造の感動のなかにある。

──フランクリン・ルーズヴェルト──


頭を使え。大事なのはちょっとしたことだ。

──落書きより──


天才とは、二十年を経てから凡人に情報を与える人のこと。

──ルイ・アラゴン──


〝うまくいくかもしれない〟という内なるささやきを信じなさい。

──ダイアン・マリーチャイルド──

安定は一種の死

あくせく働かなくてはいけないという思い込みを克服するひとつの方法は、安定とは何かを考え直すことだ。

不安定なこの世の中にあっては、経済的不安や肉体的・精神的不安から人を守るのは莫大な富だけだと思われがちだ。

会計士や株のブローカー、個人資産運用のコンサルタントや銀行の担当者などの専門家は、不動産や株や割引債を所有すべきだと口をそろえて強調する。

しかし、安定によって心の安らぎが得られるというのは、現代人の勝手な思い込みでしかない。

「太古の昔から、安定を手に入れた人間はいない」といったのは、エレノア・ルーズベルトだ。彼女がいわんとしているのは、金銭的な豊かさにもとづいた安定ははかないという意味だ。

交通事故やテロで死亡する可能性は大金持ちも貧乏人も変わらない。

富裕層のほうが中間所得層より若くして健康を害することが多い。

さらに富裕層には、もしも金融危機が起こったら財産を失うのではないかという心配がついてまわる。奇妙だとは思われないだろうか。

人間は必死に安定を追い求めるが、実際にはそんなものは存在しないのだ。金銭によって得られる安定がどの程度のものか、安定指向の人たちを注意深く観察すればよくわかる。彼らの多くは融通が利かず、頑固で、独創力に欠けている。

財布の紐はきわめて固く、最低限の食費と光熱費、そして被服費と住居費以外には金を使おうとしない。

絶対に損をしないと確信しないかぎり、必要なものも買わずにすまそうとする。

預金が減ることが、大きな不安と恐れを掻きたてるのだ。

一ドル使うたびに、身を削られるような思いを味わっているに違いない。

ナマケモノが「幸せなお金持ち」になるために㊴

安定だけを求めるのは人生の放棄につながる。
危険を冒さない者は失敗とも無縁だが
多くの危険を冒して多くの失敗を経験した者は
それだけ価値のある人間になれる。

一部の人にとって、安定とは毎日同じ時間に会社に行き、決められた仕事だけをこなし、同じ生活を延々とつづけていくことを意味する。

定期的に給料が支払われることが重要で、大幅な収入増加ははなから期待していない。職場にしがみつくことが本当の安定にはつながらないことを理解していない人たちだ。

数年前と違い、今では会社員の身分は安定を意味しない。

今日は勘定を支払えるかもしれないが、失職したらすべてを失うのだ。

劇作家のテネシー・ウィリアムズが「安定は一種の死である」といったのも道理だ。安定志向の人たち自身の姿が、安定だけにとらわれることの危うさを何より顕著に示している。

逆説的に響くかもしれないが、現代のような変化の激しい時代に本当の意味での安定を得るには、一般に考えられている安定という概念にとらわれないことが何より肝心だ。

安定という言葉は〝心配のない〟状態を意味するラテン語からきており、金品の豊かさとは本来何の関係もない。

つまり、真の安定とは心の状態をあらわすのであって、収入の額によって決まるのではないのだ。

このことを理解すれば、大きな安定を得ているのは財産の額に一喜一憂する人ではなく、独創力を発揮している人のことだと理解できるはずだ。

安定志向の人間と、独創力を発揮して成功をめざす人間との違いはそれだけではない。表情やふるまいを注意深く観察していれば、安定志向の人間がきわめて情緒不安定なことがわかるだろう。

一方、自分の可能性を信じて努力する人間は、精神的にも揺るぎない強さを身につけている。彼らの成功の秘訣は何だろうか。

独創力を活かして成功を勝ち取った人たちには、安定志向の人たちとは異なる特徴が見られる。

考えかたが柔軟で、九時から五時までの決まりきった仕事を嫌い、世間で常識とされているやりかたに疑問を持ち、自分なりの革新的な方法を考えだすことができる。

ナマケモノが「幸せなお金持ち」になるために⑳

安定を求めたくなる気持ちは理解できるが、こうもいえる。
凡人は安定に執着するが
賢人はわずかな関心しか示さない。

安定志向の人たちと大きく異なるのは、危険を恐れず、未知の何かに挑戦する勇気があることだ。挑戦した事業を成功させ、実力を認められることだけを彼らは望んでいる。自分の可能性を信じているから、誰の助けも借りる必要がないのだ。

独創力豊かな人たちの大きな長所は、人生が投げてくるカーブに柔軟に対応できる点だ。安定指向の人たちと同様、できれば災難や不運と出会わずにすむことを願っているが、もし何か不幸な目にあっても、冷静さを失わずに対処することができる。

どのような状況においても、なんらかの可能性を見つけ、逆境に押しつぶされることはない。たとえば、安定志向の人たちにとっては恐怖の対象である経済不況も、独自の価値観を持ち、批判精神が盛んで想像力に富んだ人たちは、ちょっとした不便程度にしか感じない。むしろ、これまでには不可能だったアイデアを実行に移す好機ととらえ、ついでに大きな収益をあげる人もいる。

安定という言葉に縛られるのは、本当の意味で生きるチャンスを放棄することだ。失敗のない人生だけをめざしていては、成功と繁栄はつかめない。財産を築けば、誰でもある程度は自分のしたいことができるようになるが、肉体と精神の健康、そして経済面における揺るぎない安定は、どれほどの富を貯えても保証されるものではないのだ。

どんな状況にあろうと食べていけるだけの能力と創造力が自分にはあると信じられることが、

何より確実な保証である。

成功と同様、安定という言葉にも多くの意味があることを忘れてはいけない。財産の額を気にかけるのをやめて、独創力豊かな人間になることをめざせば、安定という言葉が新しい意味を帯びてくるはずだ。

にわかには信じられないとおっしゃる方もいるかもしれないが、人間にとって独創力こそがいちばんの財産である。札束や一片の土地と違って、独創力は持ち歩くことができる。誰にも奪われる心配がない。あらゆる場面で役に立ち、どれほどふんだんに使っても涸れることなく、永遠にあなたの財産でありつづけるのだ。

ナマケモノが「幸せなお金持ち」になるために⑪

金があれば安心と思うのは大間違い。
金銭的な豊かさにあぐらをかく者は
禅僧の目には悲劇の主人公と映る。
冒険心と独創力を発揮してこそ、真の安定が得られる。

チャンスは幾度も訪れる。問題は、そのうちいくつをものにできるかだ

人間にとって最良の投資は、独創力を磨くことだ。

独創力を武器にして大金を稼ぐには、目の前にあるチャンスを最大限に利用する必要がある。

「そんなチャンスはどこにあるんだ?」とお尋ねだろうか。

チャンスはどこにでもある。あなたのすぐそばに転がっている。

自分は金には縁がないという思い込み――そのために多くの人が貧困から抜けだせずにいる劣等感に似た意識――を悪化させているのが、うまい儲け話などもう残っているはずがないという考えだ。

だが現在、われわれの生活を便利で楽なものにしている商品のすべて、あなたが毎日目にし、手で触れているもののすべてが、誰かが具体的な形にするまではたんなる思いつきでしかなかったのだ。

さまざまなチャンスが有効活用されないまま、あるいは気づかれもしないまま、毎日人々の暮らしのあいだをすり抜けている。

人生にはすばらしいチャンスが満ちあふれているのに、多くは注意力の不足によって、また

ある場合には故意に、見過ごされている。

ほかの人の目に見えないからチャンスは存在しないということにはならないのだ。見ようと思えば見える。そして、一部の人たちには見えているが行動に移す勇気がないために放置されているチャンスを、自分がものにしてやろうという熱意も不可欠だ。

残念なことに現代では、他人に指摘されてもなお目の前にある偉大なチャンスが目に入らない人が多い。


ナマケモノが「幸せなお金持ち」になるために㉗

〝この世にはチャンスなど残っていない〟というのは神話にすぎない。
五十年前、この神話が世間に広がった。
五年前、多くの人がこの神話を信じた。
そして現代では、みんながこの神話に取りつかれている。
この神話の呪縛から自由にならないと
生涯にわたって大きなチャンスを逃しつづけることになる。

今夜はどのスポーツ番組を観るか、パーティーに何を着ていくかという雑事で頭がいっぱいで、チャンスなど存在しないという考えに安易に流されてしまうのだ。

意外に思われるかもしれないが、現代社会には金儲けのチャンスが無限に存在する。

新しいビジネスが毎日無数に生みだされている。

インターネットの急速な成長によって、数年前には想像もできなかったさまざまな仕事が誕生した。

新しい技術やサービスが商品として毎日市場に出現するのは、誰かがチャンスを有効利用した結果だ。

さらに、さまざまな問題が存在する現代社会だからこそ、それらの問題を解決する仕事が必要となる。

人々が求めているのは、たとえば、低価格の家、効率的な暖房、栄養のある食品、低公害の乗用車、信頼できる託児所、家の清掃の手伝い、ストレス解消法の指導、低料金の旅行などなど、挙げていけばきりがない。

これらの事業を最初のうちは本業の片手間に、やがて本格的に取り組んで成功した人の数は数十万はくだらないだろう。

リスクを覚悟で知識やアイデア、時間や労力、そして熱意やサービスを商品に変えて売ろうと努める人たちに、現代社会は今後も大きなチャンスを与えつづけるはずだ。

米国で過去十年に誕生した富豪の数は、それ以前の二百年間を上まわっている。

十年後には、現在の十倍の富豪が誕生しているだろう。

べつに富豪になりたいとは思わない、自分の望みはまずまずの収入を得て充実した人生を送ることだという方も、目の前に転がっているチャンスを無駄にしてはいけない。

無謀な試みはやめておけという周囲の言葉に耳を貸す必要はない。

普通の人が不可能だと思うことのなかに、宝は埋もれているものだ。

一時は自分でも不可能だと考えていたことが実現できたとき、人は達成の喜びを知る。


ナマケモノが「幸せなお金持ち」になるために⑦③

チャンスを見つけるために遠くへ行く必要はない。
最良のチャンスは、地球の裏側ではなく
あなたの身のまわりにある。
ただし、探さなければ見つからない。

周囲の反対を押し切って行動したなら、その喜びはひとしおだ。

チャンスを活かすためには、いつでも対応できるように準備しておく必要がある。

つまり、あなたにとって最大の財産である独創力を、いつも最高の調子に磨いておくのだ。

準備がいき届いていればいるほど、人はより多くのチャンスに恵まれる。

あくせくせずに世の中に貢献できるような仕事をしたいなら、自分の周囲に転がっているチャンスを見逃さずに、何か具体的な形に変えることだ。

今後の人生で、チャンスは何度もあなたのもとを訪れる。

問題は、それをどれだけ自分のものにできるかだ。

ナマケモノが「幸せなお金持ち」になるために⑭

チャンスをものにした人たちの体験談に謙虚に耳を傾けよう。
一般に、人間の集中力は三十秒程度しか持続しない。
一度に二分間集中できる力を養えば
驚くほど多くのチャンスに恵まれる。

星座の神秘を発見したり、地図にない土地へ旅したり、
人間の魂を新たな高みに導いた人のなかに、悲観論者はいない。
——ヘレン・ケラー——

くよくよ思い悩むのは、雪合戦の雪玉に取っ手をつけるようなもの。

——ミッツィ・チャンドラー——


恐れていることでなく、願っていることのなかに大きな危険がひそんでいるものだ。

——ジョン・チャートン・コリンズ——


成功を望む一方で失敗したときの備えをしていると、その備えが役立つことになる。

——フローレンス・スコヴェル・シン——


人間の心は伸縮自在。どんな形にも大きさにもなりうる。

——シーリア・グリーン——


キツツキが生き延びたのは、頭を使ったからだ。

——作者不明——


行動が伴なわなければ、立派な言葉をいくら並べても無意味だ。

——エルネスト・チェ・ゲバラ——


成功の秘訣は、思いつきを具体的な形に変える能力である。

——ヘンリー・ウォード・ビーチャー——


あなたならではの何かを、目に見える形で示しなさい。

——ロベール・ブレッソン——


神様がわたくしたちに求めておられるのは成功ではなく、挑戦する心です。

——マザー・テレサ——


最良の保険は自分を信じること。誰も、あなたの自信を奪うことはできない。

——メイ・ウェスト——


先祖から受け継いだ財産より、頭を働かせて稼いだ金のほうが上等だ。

——ウェールズの諺——


人生に無駄なことは何もない。仕事を首になっても失敗と思ってはいけない。

仕事について見直す絶好の機会と受けとめるべきだ。

——P・J・オローク——


希望を捨てずにがんばろう。人間が耐えきれないほど大きな不幸は存在しないのだから。

——ジェームズ・ラッセル・ローウェル——


この世に保証などありえない。あるのはチャンスだけだ。

——ダグラス・マッカーサー——


不利な状況を自分にとって有利な材料に変えたとき、人間はもっとも人間らしさを発揮する。

——エリック・ホッファー——

独創力を高めるためにあえて何もしない時間をつくることも必要

はるか昔、自動車王のヘンリー・フォードが社内の能率向上をめざして専門家による実態調査を行なったときのエピソードだ。調査の結果はきわめて満足すべきものだったが、専門家はある社員に対して大きな懸念を示した。

「あの男を雇っておくのは経費の無駄です。そばを通るたびに、いつも机に足を載せてぼんやりしています」

ヘンリー・フォードは答えた。

「以前、あの男のちょっとした思いつきで、わが社は何百万ドルもの経費節減に成功した。そのときも、彼は足を机に載せていた——ちょうど今と同じように」

この話からわかるように、何百万ドルもの利益を会社にもたらすような画期的なアイデアを生みだすには、心身をリラックスさせて想像力を思う存分羽ばたかせる必要がある。

ちょっとした思いつきが、将来、巨万の富をもたらすかもしれないのだ。

残念ながら、現代人のほとんどは忙し過ぎて、理想の将来に近づくためのアイデアを思いつくことができない。毎日の生活に忙殺されて、独創力を思う存分発揮できずにいるせいだ。

現代は何にも増して仕事が優先される社会だから、つねに忙しくしていなければ成功できないと考える人も多いだろう。きらびやかな名声や財産は、すべてを犠牲にして働く者だけに与えられると現代人は思い込んでいる。

のんびりかまえていては、ささやかな財産さえ築けないと悲観的に考えているのだ。皮肉な話だが、実際はのんびりかまえることが蓄財へのいちばんの近道だ。

働き過ぎは独創力を弱める役目しかはたさない。

労働至上主義は人々の心に深く浸透し、世の中に役立つ人間と認められるためには何か建設的な活動につねに従事していなければならないという思い込みを誰もが抱いている。

ナマケモノが「幸せなお金持ち」になるために⑮

どんなチャンスに恵まれても、使わなければ意味がない。
建設的な行動に結びつかないチャンスは
エンジンのないフェラーリのようなもの。
どんなに高価でも、その車ではどこへも行けない。

何もしないでブラブラするのは悪であり、生産性をそこなうという考えかただ。

しかし実際は正反対で、一見なまけているような勤務態度が、じつは意欲のあらわれということもある。

あえて何もせずにいることによってたくさんのアイデアを生みだし、やがて巨万の富を手にする者もいる。

歴史を振り返ると、ゆとりを持つことによって高い独創力を発揮した人たちが少なくないことがわかる。

マーク・トウェインはほとんどの作品をベッドで執筆したし、英国の文人サミュエル・ジョンソンは毎日のように昼過ぎまで寝ていた。

なまけものと呼ばれた〝幸せなお金持ち〟の仲間には、ほかにもオスカー・ワイルドやロバート・ルイス・スティーブンスン、そしてW・サマセット・モームなどがいる。

現代の先進社会の一員として、おそらくあなたの頭にも人間は一心不乱に働くべきだという考えがすり込まれているだろう。そのせいで、ゆとりの時間を持つことが自分にとってプラスになるという考えを受け入れにくいのだ。

独創力をさらに引きだし、自立できる経済力を身につけるためにはどうすればいいか、それを考えるためには、まず椅子の背にゆったりともたれて頭のなかに大画面を思い浮かべ、時間をかけてじっくりとその画面を眺めることだ。

巨額の利益をもたらす大ヒットや目新しい企画は、多くの場合、心からくつろげる環境で生まれる。

歴史上の大発見の多くは、多忙や緊張とは無縁の状況でなされた。アルキメデスが入浴中に比重の測定法を発見したのは有名な話だし、木の下でくつろいでいたサー・アイザック・ニュートンは、りんごが落ちてきて頭に当たったのがきっかけで万有引力を発見した。

もし現代の忙しい職場で毎日を送っていたら、これらの著名な学者も大発見にはいたらなかっただろう。一日じゅう机に向かって電話が鳴るたびに受話器を取り、電子メールをチェックし、大量の書類に埋もれて過ごしていたら、想像力も萎えてしまう。


ナマケモノが「幸せなお金持ち」になるために⑯

ゆったりとくつろいでものを考える時間を毎日の習慣に組み込もう。
二、三時間多く働くより財布も心も大いに潤うはずだ。

必死に頭を働かせているときより、何も考えずにぼけっとしているときのほうがいい考えが浮かびやすいことを、みなさんも体験的にご存知だと思う。

忙し過ぎる毎日を送っていると、金を産む可能性のある独創的な考えを引きだすことができなくなる。独創力や発想力をフルに活かすことができれば、ゆったりとしたペースで働きながら、ストレスだらけの仕事中毒者よりはるかに大きな富を手にできるのだ。

スイスのスウォッチグループの共同創立者で会長のニコラス・ハイエックは大富豪として知られているが、落ち込んだスイスの時計産業に以前の富と輝きを取り戻すにはどうすればいいかと考え、従業員たちにこう命じた。

「時間を無駄にせずに、予定を立てて行動すること。ただし、予定表をすべて埋めてはいけない。それでは独創力が死んでしまう」

従業員のためにゆったりとくつろいだ職場環境を用意することがいかに重要か理解している企業は、まだ少数だがたしかに存在する。

ストレスの少ない職場では大きな収入を生みだす斬新なアイデアが生まれやすく、長い目で見れば会社にとっても得策なはずだ。

ヒューレット・パッカード社は近ごろ、十万人の社員に仕事と遊びのバランスを改善するよう勧告した。〝仕事と人生を考える特別プロジェクト〟の担当者によると、長期の、そして頻繁な出張は、従業員の独創力を減退させ、心身を疲弊させるという。

現在では同社の従業員は心の健康維持のためにも、社内の革新的な方針に添うためにも、仕事を早く切り上げるよう奨励されている。

ニューハウス・ニュース・サービス社のエレン・サイモンズ記者によれば、仕事を効率的に進めるためには、米国大統領といえども、ゆとりの時間を持たなければいけないそうだ。

二〇〇一年に掲載された論説で、サイモンズ記者は、もっとも有能な米国大統領は仕事中毒タイプではなくのんびりタイプだったと記している。

この結論は、専門家たちとの直接の対話から引きだしたものだ。

ナマケモノが「幸せなお金持ち」になるために⑰

昔から、社会に大きく貢献してきたのは独創力豊かな人たちだ。
彼らは世間の常識に異を唱え、物議をかもすことを恐れなかった。
固定観念を捨てて自由な発想に身をまかせれば
あなたもそのひとりになれる。

歴史学者たちがサイモンズ記者に語ったところによると、米国大統領に関しては、勤勉さと頭のよさは成功を保証するものではないそうだ。

休養をたっぷり取ったドワイト・アイゼンハワーとカルヴィン・クーリッジの両大統領は、連日遅くまで働きつづけたジミー・カーターとテディ・ルーズベルトに比べてはるかに有能だった。

プリンストン大学で歴史学を専門とするジェイムズ・マクファーソン教授は次のように結論づけている。

もっとも有能な大統領とは、権限の委譲を適切に行ない、本当に必要なときだけ重要な決断を下し、ふだんはほどほどの働きぶりに徹した者だ。

このグループのひとりであるロナルド・レーガンは大統領在職時代、毎日のように昼寝をし、頻繁にサンタ・バーバラの牧場に帰って、薪を割ったり、柵を修理したりしてのんびり過ごした。

大成功につながるようなアイデアは、すべての緊張から解放され、自分を心から信頼できてはじめて生まれる。

だから、あえて何もしない時間を持つことが大切なのだ。

毎日を意味なく忙しがって過ごすのでなく、自分自身や他人を、そして世界をもっとよく知りたいという人にもこの方法は有効だ。

一日のうち少なくとも一、二時間は何もしない時間を持つようにしよう。元来が働き者なら、よりいっそう意識してゆとりの時間をつくり、独創力が枯渇しないよう心がけるべきだ。

山歩き、公園の散策、乗馬などの活動は、心の緊張を解きほぐし、未知の領域へ踏みだす活力を与えてくれる。

ゆとりの時間を持つことは、人間の想像力をより高いレベルに引きあげるだけでなく、ストレスが原因によって引き起こされる病気を予防してくれる。

おまけに、将来の夢が実現したときの気分をちょっとだけ味わうことも可能だ。

ナマケモノが「幸せなお金持ち」になるために⑱

他人と違うことを考え、違う行動をしよう。
重要なのは最初の人間になること
そして非凡さと大胆さをあわせ持つことだ。
そのときはじめて、社会に貢献することができる。
さらに大成功を収めているかもしれない。

いずれ、本当に自分のものになるはずの自由と繁栄を、前もって体験できるよい機会ではないか。今のあなたに必要なのは、一、二週間の休暇と旅行だ。

見知らぬ土地で、持てる才能と知識の活かしかたを考え、収入につながるアイデアを探すことは、新しい人生に踏みだす大きな一歩となる。

肝心なのは、一日に三、四時間は仕事をすべて忘れて、さまざまな可能性を徹底的に考えることだ。

仕事を休んだことによって収入が減っても気にする必要はない。

すばらしいアイデアを生みだせば、百倍になって返ってくる。

大金持ちでなくとも小旅行くらいは可能だということを忘れないでほしい。

社会人になってから、わたしはときおり小さな旅に出ることを習慣にしてきた。

三万ドルの借金があったときもこの習慣は変えなかった。

折々の小旅行は借金返済の妨げにならなかったばかりか、反対に幸せをもたらしてくれた。

ゆったりとした時間を過ごすことによって、わたしは自分の能力や可能性を見直すチャンスに恵まれ、自分が本当に望むライフスタイルに合った職業を見つけることができたのだ。

その結果、今では大多数の人たちのように過剰なストレスにさらされる毎日とは無縁の生活を送っている。

前もって計画を立てるのでなく、たまに一日ふっと仕事を休むのは、人生についてゆっくりと考えをめぐらす恰好の機会となる。

本当に自分のためになるものは、長時間の重労働によって得た収入のなかには存在しない。あなたが何かを投資すれば、それはユニークな思いつきや斬新なアイデアという形で返ってくる。そして、将来、金のなる木に育つかもしれない。

あらゆる点から見て、勤勉は創造性の敵だ。熱心に働けば働くほど、人間は独創力を失う。ゆったりとした時間のなかで思考の羽根を思う存分広げることができてはじめて、世のためになり、そして自分自身のふところも潤うすばらしいアイデアを生みだすことができるのだ。

ナマケモノが「幸せなお金持ち」になるために⑲

たったひとつの思いつきが
あなたの人生を劇的に変える。
そのひとつを探すことだ。
それは、どこかにかならず存在する。

とどのつまりは、退屈が独創力を生む。
――マーガレット・サックヴィル――

神は大切なものをわれわれの近くにお隠しになる。
――ラルフ・ウォルドー・エマソン――

かくも強く人をそそのかすもの。汝の名は好機。
――ジョン・ドライデン――

真の独創性は、言葉が終わった地点からはじまる。
――アーサー・ケストラー――

ある概念が斬新かどうかは関係ない。重要なのは、どこまで斬新なものに変わりうるかだ。
――エリアス・カネッティ――

貴族と怠惰は切っても切れない仲にある。
――ロバート・バートン――

たっぷりと休養をとれば、仕事は半分終わったようなもの。
――ユーゴスラビアの諺――

怠け下手な人間は大成しない。
――ルイーズ・ビーブ・ワイルダー――

思考という重労働を避けるためなら、人間はどんな手段でも用いる。
――トーマス・アルヴァ・エディソン――

最高のものを差しだせば、最高のものが返ってくる。
――マデライン・ブリッジズ――

機械は働き、人間は思考する。
――ＩＢＭの聡明なる元社員――

労働と生産性が混同される産業社会においては、
生産性の重視がつねに創造への意欲をそこなってきた。
――ラウール・ヴァネイゲム――

想像力は勇気のあらわれである。神がもっとも神らしくあるのはこの点だ。
何もないところからすべてを創られたのだから。
――ヘンリー・ミラー――

人生を大きく左右するのは、多くの場合、些細なできごとだ。
――Ｒ・スミス――

素材がシンプルであればあるほど、想像力を掻き立てられる。
――ホアン・ミロ――

世の中すべて金しだい――なんと陳腐な言い草だ。
――作者不明――

第4章

金の本質を理解すれば
あくせく働く生活とさよならできる

〝世の中、金がものをいう〟とはかぎらない

金、金、金。誰もが金を求めてやまない。

現代社会で金以上に大切に扱われているものはない。

金はわれわれの生活のあらゆる面に影響を及ぼす。自由にできる金の多寡が人間関係や友情、住まいのレベルや健康状態、そして余暇の過ごしかたを左右するといっても過言ではない。

ちょっと考えただけでも、金によって得ることのできる人生の安楽や喜びが無限に思い浮かぶに違いない。

一方で、金は手ひどい失望や落胆の原因にもなりうる。

金持ちになればなるほど幸せなはずだという世間の常識とは矛盾するかもしれないが、まぎれもない事実だ。

人間、金に目がくらむと良識や品性はどこかへいってしまう。そして、金に対する現実離れした期待は、ねたみや恨み、失意や幻滅といった否定的な感情を引き起こす。

それだけではない。金への過度の執着は命にかかわることもある。

休養を取り、腹の底から笑い、人生を謳歌することを忘れてしまうせいだ。

こういうと、金儲けなど忘れてしまえといっているように受け取られるかもしれないが、そうではない。そんなつもりはまったくない。一般の方々と同様に、わたしも金儲けに興味があるし、金は人生を豊かにする重要な手段だと考えている。

この章の狙いは、将来多額の資産を手にしたときにそなえて、金銭に対する現実的な見かたを身につけていただくことだ。

自分には多額の金は必要ないと考えるなら、あくせく働く必要もない。第一章でご紹介したコスタリカの漁師のように、毎日満ち足りた気持ちでゆったりと過ごすこともできる。

ナマケモノが「幸せなお金持ち」になるために⑧⓪

金銭の定義は人それぞれ。
所有者の人格や考えかたしだいで、金は自由自在に姿を変える。
諸悪の根源にも、あらゆる問いへの答えにも
浪費の対象にも、自由への手段にも
興味深い概念にも、愚かしい概念にもなりうる。

現代人のほとんどは、幸せな人生を送るには大金が必要だと考えている。だからこそ、金と幸せとの相関関係を正しくとらえることが大切なのだ。

快適で豊かな暮らしを実現させるために金銭が重要な役割りをはたしているのは事実だが、どれだけあれば幸せと感じるかは別問題だ。

金銭はある種の不幸を消し去ってくれるかもしれないが、たとえ一日でも、本当の幸せを約束するものではない。この説を強く支持しているのは、幸福の感じかたについて専門に研究しているイリノイ大学の心理学者エドワード・ディーナーだ。

数多くの調査の結果、金によって人生の喜びが広がることはあっても、自尊心や達成感といった真の幸せが得られることはないとディーナーは結論づけている。

金に大きな力があるのは事実だが、人生を左右されてはならない。

問題は、金の本質を理解していない人間があまりに多いことだ。心の奥では理解しているが、素直に認めようとしない者もいる。いったん心に焼きついた思い込みを改めるのは困難だ。

真実を認めれば、それまで抱いてきた夢が破れてしまう。

しかし、真実から目をそむけているかぎり、金との不健康な関係から抜けだせず、人生の喜びを味わいそこなうことになる。

金銭と人間との関係はそのときどきの状況や人生観によって当然ながら変化するが、金が持つ意味をじっくりと考える人はめったにいない。物欲から解き放たれ、禅の心で見直すと、金にはさまざまな意味があることがわかる。愚かしい面も多々あることが理解できるはずだ。

みなさんのなかには、金に困った経験をされた方もいるかもしれない。ぜいたくな生活が維持できるようにヨットを一艘手放そうと思ったとか、別荘を売却することを考えたというレベルの話ではない。文字どおり〝丸裸〟になった経験だ。〝ふところが寂しい〟とか〝資金難で〟といっているようならまだ余裕がある。

ナマケモノが「幸せなお金持ち」になるために㉛

それでは、あなたにとって金銭は何を意味するのか?
ゆっくり時間をかけて自分なりの定義を下してほしい。
そうすることよって、金とのよい関係を築くことができる。
どんな定義を下そうと自由だ。
禅の教えによれば、この問題に正解は存在しない。
くり返すが、金銭の定義は人によって異なるのだ。

真の窮乏を体験した方なら理解できるはずだ。

「井戸が干上がってはじめて、人は水の価値を理解する」とベンジャミン・フランクリンはいっている。

失業して一文なしになると、何不自由ない暮らしをしていたころとは金に対する考えかたが変わるのだ。

無一文のときは、わずかの収入さえあれば幸せになれるのにと考える。

しかし、ある程度の経済力を身につけると、こんなはずではなかったと感じるものだ。

ふところ具合は大きく改善したにもかかわらず、幸せの手応えは少しも得られない。

むしろ、以前より不幸でみじめだと感じるかもしれない。

残念ながら、いくら裕福になっても、それだけでは人生そのものはよくならない。

人生はそれほど単純ではない。金持ちになることが人生の質の向上につながるとはかぎらないのだ。

どれほど豊富な財産に恵まれていても、解決できない問題が人生には数多く存在する。

金があるために、かえって大切なものが見えなくなる場合もある。

生きていくのに必要なもの以上を求めるのは、百害あって一利なしだ。

幸せは金では買えないことを誰でも内心では知っているが、認めるのはなかなかむずかしいようだ。しっかり目を見開いて、富裕層に属する人たちを観察していただきたい。彼らの多くは一般の人たちのように心から笑うことも小躍りして喜ぶこともなく、目から輝きが失われている。

実際のところ、富と幸せが両立することはめったにない。どこから見ても金持ちとしかいいようのない人が、幸せとはほど遠い毎日を送っている場合もある。

ナマケモノが「幸せなお金持ち」になるために㉜

人間は自己の責任のかぎりにおいて、好きな金銭観を持つことができる。
金が悪だと思う人は、あなたが悪に変えたのだ。
金が問題だと思う人は、あなたが問題に変えたのだ。
金が喜びだと思う人は、あなたが喜びに変えたのだ。
自分の見かたに責任を持たなくてはいけない。
そして、すべては考えかたしだいであって
それ以上でも以下でもないことを肝に命じるべきだ。

一九九五年にイリノイ大学の心理学者エドワード・ディーナーが行なった調査によると、米国内で富裕層とされる人々の三分の一は、中間所得層に比べて人生の満足度が低いそうだ。

さらに、J・ポール・ゲッティとハワード・ヒューズのふたりは、ともに大富豪としてよく知られているが、資産が増えれば増えるほど不幸でみじめになったといわれている。

裕福な人が不幸そうな顔をしているのは、格別驚くことではない。金に対する期待が強過ぎたために不幸になる人もいる。金さえあれば幸せになれるはずだと思い込んでいた人たちだ。幸せはあいかわらず手の届かないところにあり、不幸の原因を貧困に求めることもできなくなった彼らは、よけいにみじめさが身にしみるようになる。

もしあなたが人生に不満を抱いており、金さえあればなんとかなるのにと思っているなら、考え直したほうがいい。不満があるのは、金に対する期待が強過ぎるせいだ。

いや、絶望するにはあたらない。今ならまだ間に合う。

人間なら誰しも一度は同じ罠に陥るものだ。だが、この問題をきちんと解決しておかないと、どんなに高い位置にのぼりつめても、本当の幸せをつかむことはできない。

いうまでもないことだが、基本的な生活費に事欠くようでは幸せにはなれない。

だからといって、金さえあれば幸せになれるかといえば、それも違う。金の力でわれわれが到達できるのは幸福と不幸の中間点、充足と欠乏と中間点までだ。

多額の金があればそれ以上の高みにのぼれるというものではない。

中間点に達したら、あとは当人の考えかたしだいだ。

金によって何が可能で何が不可能かをきちんと把握していれば、金は人生を楽しむための最強の手段となる。

人生が豊かなものになるかどうか、それは健全な金銭観を持っているか否かにかかっている。

ナマケモノが「幸せなお金持ち」になるために㉝

考えかたひとつで人生はがらりと変わる。
問題は、どんな考えも現実とは異なることだ。
それは、実体のない幻想である。
すばらしい計画、誤った信念
途方もない希望といった形で目の前に現れる。
幻想と現実を混同すると、心は自由を失う。
金銭に関して誤った幻想を抱きつづける者は、一生悔やむことになる。

べつのいいかたをすれば、金によって何ができるかを正しく理解することが、人生の目的に近づく道なのだ。

同様に、金では買えないものがあることをわきまえていれば、失望や神経性潰瘍やノイローゼに悩まされる心配はない。

富は目的を達成するための手段であり、自分の価値を測る目安ではないと知ることが重要だ。皮肉な話だが、人間としての価値を財産の多寡に求めなくなればなるほど、独創力が豊かになり、結果、経済的にも潤うことになる。

物質主義の世の中において、繁栄はつねに財産の額と密接な関係にある。しかし、〝幸せなお金持ち〟にとっての繁栄は、本来の意味どおりの繁栄だ。繁栄《プロスペリティ》という言葉はもともと〝希望と力〟を意味するラテン語から来ている。

〝幸せなお金持ち〟にとって真の繁栄とは、従来の意味での成功ではなく、今現在を前向きで幸せに生きることを意味する。

希望と力をわがものとして感じるかどうかは当人の心がけしだいで、ふところ具合には関係ない。

財布が多少軽くても繁栄の手応えは得られるし、反対に、どれほど多くの資産があってもまだ足りないと文句をいいつづける者もいる。

金持ちはより金持ちに、貧者はより貧しくなるのが世のつねだが、どちらにも属さずに自分なりの成功を収めることは可能だ。

ナマケモノが「幸せなお金持ち」になるために㉞

周囲に目をこらしてみよう。
あなたより金銭的に恵まれていない人が大勢いるはずだ。
だがそのなかには、あなたよりはるかに幸せそうな人もいる。
あなたはこう思うだろう。
「わたしは正常だ。おかしいのは向こうだ」
そのとおりかもしれない。
違うかもしれない。
まったく逆ということも考えられる。

金は万能薬ではない

金で本当の幸せを買うことはできないと頭では理解していても、誰でもときにはどこかに大金が転がっていないかと夢想するものだ。たんに安楽な暮らしがしたいというだけでなく、金が持つ魔法のような力をどこかで信じているせいだろう。

金さえあれば悩みはすべて解決するというのは錯覚にすぎない。この錯覚に強くとらわれればとらわれるほど、自分をあざむくことになる。実際に金持ちになったとき、待っているのは失望感だ。

好むと好まざるとにかかわらず——まあ、おおかたの人は好まないだろうが——人間、生きていれば大小さまざまな問題に遭遇する。どれほど強い精神の持ち主でも、どれほどの高収入があろうと、その事実は変わらない。

金があればたいていの問題は解決できると一般には思われがちだが、金で解決できる問題にはかぎりがあり、問題が深刻であればあるほど、金の威力は通用しないものだ。

ロイター通信は近ごろ、一九六八年生まれのテレビタレント、ゲイリー・コールマンの窮状を伝えた。

一九七〇年から八〇年代にかけて放映されたテレビコメディ『アーノルド坊やは人気者』で主演をつとめたコールマンは、一時は千八百万ドルの収入を得ていた。

ところが、腎臓病のためにかさむ医療費や、両親を相手取った訴訟、さらにマネージャーとの確執や仕事の行き詰まりなどで、とことんまで追い詰められ、破産状態から抜けだすために『ゲイリー・コールマン、セレブのウェブソン』なるサイトを開設した。

まさに愚劣というしかないが、コールマンはこのネットマラソンで、何も知らずに電話をかけてきた聴視者を相手にみだらな会話を交わすテレフォン・セックスの生中継まで行なった。

ナマケモノが「幸せなお金持ち」になるために㉟

まさかと思うかもしれないが
幸せは金では買えない。
金で幸せが買えるなんて、それこそ悪い冗談だ。

千八百万ドルの大金にも、経済上の問題や個人的な悩みを解決する力はなかったのだ。むしろ、人生のある時期にきわめて多額の金を手にしたことが、多くの問題を生みだすもとになったと見られる。

こんどは、金銭によって解決可能な問題について考えてみよう。

適切な取り扱いかたを心得ていれば、経済的な問題は金によって解決できる。

収入の多少にかかわらず適切に扱うすべを身につけていれば、将来にわたって深刻な問題に巻き込まれる心配はまずない。

だが現在、それなりの収入があるのに経済的な問題をかかえているとしたら、たとえ収入が二倍、三倍になっても問題は消えない。

人生を楽しく有意義なものにしたいなら、経済的な問題を最小にすることが肝心だ。

そのためには、人生のあらゆる場面における選択を慎重に行なわなくてはいけない。

判断の材料にすべきなのは、現在の収支状況、目標とする生活程度、配偶者や子どもたちの意見、自尊心のレベル、羨望を感じるものがあるとすればそれは何か、自分の理想とは何かなどだ。

賢い選択を行なえば、経済的な問題で悩まされる心配はほとんどない。

理想をほどほどのところに置いて、個人的な問題をかかえないようにすることが大切だ。

しかし、人生は何が起こるかわからない。

ジェット機で世界各地のパーティーをめぐり歩くような大富豪の仲間入りをしても、問題が消えるわけではない。

個人的な悩みは金では解決できないのだ。

どれほどの財産や才能に恵まれていようと、その人なりの問題は存在する。

われわれにできるのは、ゲイリー・コールマンほど深刻な問題に巻き込まれないよう願うことだけだ。

ナマケモノが「幸せなお金持ち」になるために㊱

幸せの基盤となる何かは金では買えない。
その何かとは
心の安らぎ、充実感
そして自尊心だ。
そうしたものを求めて富を貯える必要があるだろうか。

問題はまだある。イリノイ大学の心理学者エドワード・ディーナーが一九九三年に行なった詳細な調査から、大金を手にした人は同時に多くの悩みをかかえることが明らかになった。生きていくのに必要な金額以上の収入は、新たな悩みを生む原因となっているのだ。たとえば、こんな問題だ。

友人や知り合いとの関係
仲間からの疎外感
経済の動向に敏感でなければいけないこと
財産管理の煩雑さ
泥棒や強盗への恐怖感
投資による損失への不安
人生が何かと複雑になること

作家のスタンリー・ゴールドスタインがこの問題について気のきいた言葉を残している。
「富がもたらす力や栄光について知りたければ、富の一歩手前にいる人間に尋ねよ。だが、富がもたらす重荷や困難について知りたければ、富に慣れ親しんだ人間に尋ねよ」

悩みのない人生など存在しないと思ったほうがいい。

たとえ大富豪になっても、楽園への鍵を手に入れたわけではないのだ。〝幸せなお金持ち〟の法則に従えば、あなたもやがて大金持ちになるかもしれない。その過程で達成感や満足感を味わうことだろう。だが、その満足感は、問題に適切に対処した結果であって、問題が存在しなかったからではない。

収入の増加、あるいは遺産の相続や宝くじの当選で大金を手にしたときは、それらの事実を頭に入れて賢く対処する必要がある。

ナマケモノが「幸せなお金持ち」になるために㉗

まさかと思うかもしれないが
世の中、いつも金がものをいうとはかぎらない。
ほとんどの問題は金で解決できるが、なかには例外もある。
そしてときには、金のために深刻な問題が生じる。

むしろ、「問題が大きければ大きいほど自分のためになる」という考えを日ごろから胸に刻んでおくべきだ。

個人的な悩みや経済的な問題に対処する方法を貧しい時代に学んでおけば、やがて裕福になったときにその経験がきっと役立つ。

自力で富を築きあげた人間に共通するのは、問題への対処のしかたがきわめてすぐれている点だ。

だからこそ、富を築くことができたのだ。


ナマケモノが「幸せなお金持ち」になるために⑱

金そのものは善でも悪でもない。

あり過ぎて困ることはない。

だが、金があれば心が満たされると思うのは間違いだ。

期待が小さいほど、得るものは大きい。

金を崇める気持ちだけは人類のどの文化にも共通する。

この世に金ほど重要な意味を持つものはない。健康、力、名誉、寛大さ、そして美の象徴……。

低俗な人間を破壊し、高潔な人間をいっそう気高くするという長所は言うに及ばず。

――ジョージ・バーナード・ショー――


金で自由が買えると思うのは誤りだ。

この世で本当にたよりになるのは、知識と経験と能力だけである。

――ヘンリー・フォード――


物質の貧困は容易に回復できるが、魂の貧困は打つ手がない。

――ミシェル・ド・モンテーニュ――


われわれ人間の悪い癖は、金のために法外な値を支払うことだ。

――ウィルアム・メイクピース・サッカレー――

この世は金がものを言うそうだ
それはべつに否定しない
たしかにわたしも一度、耳にした
金が「さようなら」と言うのを
――リチャード・アーマー――

繁栄は逆境に勝てない。

――プブリリウス・シュルス――


豊かな気分を味わいたければ、金では買えない財産の数を数えよ。

――作者不明――


どんな金持ちにも解決不能な悩みはある。

――オグデン・ナッシュ――


金を神のようにあがめると、しまいには悪魔に変身して人を苦しめる。

――ヘンリー・フィールディング――


富は人生の到達点ではなく転換点だ。富を手にしたとき、新たな悩みが始まる。

――エピクロス――


金持ちになると人は愚か者扱いされなくなり、たんに変わり者と見なされるようになる。

――メイヴィス・ギャラント――


要りもしないものを買うのは、自分の金を盗むのに等しい。

――作者不明――


すべてを所有することなどできない。いったいどこに置くつもりだ?

――スティーヴン・ライト――


身分不相応なこの暮らしは、言ってみれば、財布と別居しているようなものだ。

――E・E・カミングス――


すべての夢がかなってしまうと、人生は味気ないものになる。

――バートランド・ラッセル――

人間誰しも金のことになると理性を失う

トラブルから抜けだすよりトラブルに巻き込まれないほうがはるかに簡単だ。それでも人間は、とかく自分からトラブルを招くようなまねをしてしまう。なかでもいちばん多いのが、金銭にまつわるトラブルだ。

使えば使っただけ稼がなければならないことを、人はつい忘れてしまいがちだ。残念ながら、賢い金の使いかたを心得ている人はごくわずかしかない。なんの考えもなく浪費をつづけ、いよいよ行き詰まってはじめてわれに返る者もいる。実際のところ、人間誰しも金のことになると正気を失うものだ。あなたやわたしも例外ではない。

問題は、さしてほしくもないものに金を使ってしまうことである。くだらない浪費のせいで犠牲になるのは、かけがえのない自由な時間や経済力だ。長期休暇や退職後のためにコツコツと貯えてきたものが、一瞬の気の迷いから一万ドルの新型オーディオシステムに——忙しくて音楽を聴いている暇などないのに——姿を変えてしまう。あるいは、一シーズンで流行遅れになる服に化けてしまう。

自分はそんな愚かなまねはしないと思っている方は、たんに現実から目をそむけているだけだ。金を稼ぐのは一苦労だが、使うのはいたって簡単。

このふたつの行為には妙な相関関係があるようだ。スーパーマーケットで食料品を買うときは少しでも安いものを目の色を変えて探す人間が、必要もない品にパッと大金を投じる例は珍しくない。

実際の話、多くの人たちが収入の大部分をがらくた同然の代物に費やしている。

さらに悪いことには、まだ手にしていない金まで使ってがらくたを買い集める者さえいる。

俳優でユーモア作家でもあるウィル・ロジャーズのいうとおりだ。

「嫌いなやつらに見せつけるためだけに、まだ手にしていない金でほしくもない品を買う人のなんと多いことか」

ナマケモノが「幸せなお金持ち」になるために㊾

イタリアに古い諺がある。

〝金を忠実な召使いにせよ。さもないと横暴な主人になる。〟

つまり、金の扱いを誤ると身を滅ぼすという警告だ。

認めたくはないが、たしかに誰にもそういう傾向が多少はあるようだ。

金には、相手かまわず人を狂わせる力がある。

ときに血迷って浪費に走るのは人間としてやむをえないかもしれないが、つねに考えなしの金の使いかたをしていると、やがて大きな問題をかかえ込むことになる。

どれほど一生懸命働いてものを買っても、心が満たされることはないのだ。

浪費癖から立ち直るには大きな努力が必要だ。

だが、この問題を解決しないことには充実した人生を送ることはできない。

なぜなら、この問題の根っこは金そのものではなく、もっと深いところにあるからだ。

金銭にまつわる問題を引き起こす原因は、多くの場合、情緒不安定と、現実を見据える力が不足していることにある。

人間は心の奥底に眠る欲望や目標、希望や夢を、金銭を通して表現しているのだ。

浪費癖の陰には、耐えがたいまでの渇望がひそんでいる。

心の奥で求めているのは権力や地位かもしれないし、名声や自由、誰かを見返すことや周囲からの尊敬の念、生活の保証や自尊心、あるいは愛かもしれない。

たったひとつの満たされない思いだけでなく、さまざまに絡み合った欲望が、必要のない品や払えるはずのない高価な品に手を出す原因となる。

しかし、ものを買うことは、多くの場合、なんの解決にもならない。浪費癖から立ち直る唯一の道は、心の奥に内在する欲望を、金銭によらない方法で満たすことだ。

そのためには、独創力を磨いて仕事に活かし、精神力を鍛える必要がある。

ナマケモノが「幸せなお金持ち」になるために⑨⓪

金に関する六つの奥義

1. 金銭を最終目的にすると、人生は無味乾燥になる。
2. 金のない人間は貧しいかもしれないが金だけしかない人間はもっと貧しい。
3. 豊かさとは財産の額ではなく、充足した心の状態をいう。
4. 独創的なひらめきを失うより、金を失うほうがましだ。
5. 派手に金を使うと一時的に気分が高揚するが、浪費は浪費でしかない。
6. 金は建設的な目的に使ってこそ価値がある。

最高のお買い得品は、買わずに終わった品

〝幸せなお金持ち〟にとって、あくせく働かずに豊かな暮らしを実現させる秘訣は、金銭に操られずに、反対にうまく操ることだ。つまり、収入を上まわる支出は厳禁。

手始めに、自分の消費行動を分析してみよう。

肝心なのは、何が浪費への欲求を引き起こしているかを知ることだ。

何かの品を買うことで満たされるのは自尊心か他人からの尊敬か、あるいは自己満足か一人前と認められることか、仲間意識か安心感か、権威か目的の達成か、名声か褒美か、高い地位か心の安らぎか、幸せか愛か、あるいは周囲の羨望を掻きたてることか、他人に嫌われることへの恐怖か……。

心に問題をかかえていることに気づいたら、次は、ものを買うことで実際に何が得られるのかを真摯に見つめることだ。素直な目で見れば、何を買っても心の空洞が満たされはしないと理解できるはずだ。ものを買っても借金が増え、貴重な時間が奪われるにすぎない。

『ドンキホーテ』で有名な作家のセルバンテスはこう述べている。

「おのれを知ることに全力を捧げよ。それこそが、この世でもっとも困難な課題だ」

車であれ、家であれ、服であれ、流行の品であれ、なぜ自分は買いたいと思うのか、その心の奥にあるものが理解できれば、金銭的な問題に悩まされる心配はない。

金を賢く操るすべを体得すれば、百万ドルの退職金を手にしたのも同じだ。

衝動買いで求めた品物が本当に役立ったり人生を豊かにしたりすることはまずない。

買う前に少しだけ頭を冷やして考えれば、衝動買いは避けられる。

手に入れようとしている品物やサービスに実際どれだけの価値があるかをつねに分析する習慣をつければ、無駄遣いは驚くほど減るはずだ。そのためには、目の前にある品物が本当に必要か、本心からほしいと願っているか、そのたびに自問することだ。

ナマケモノが「幸せなお金持ち」になるために㉑

裕福なのにどこか満たされないのは
金銭以外の何かが欠けているからだ。
何より必要なのは、ひらめきに満ちた精神。
禅道場でビシッとカツを入れてもらうのも効果的だ。

そうやってていねいにより分けていくと、ほとんどの品は不要だと納得できる。

このやりかたをつづけていけば、預金通帳の残高が増えるだけでなく、無用の長物となる代物に貴重な時間と金を浪費することなく、人生をより楽しむことができる。

何かを購入することによってどれだけ心が満たされるのか、それを見定めることが重要だ。支払った金額に見合う何かを本当に受け取ることができるのか。あるいは、仲間が持っているから自分もほしいのか？　たんに憂さ晴らしをしたいだけなのか……。

賢明な買物をするためには、選択が肝心だ。手に入れた品物が自分にとって大切だと思えるなら、買物は無駄ではなかったということになる。

注意すべきなのは、他人の意見に踊らされず、自分の判断を信頼することだ。

頭を冷やし、体からよけいな力を抜いて、その品が本当に心を満たしてくれるものかどうか自問しよう。そうすれば、衝動買いによる後悔は避けられる。

同じように重要なのが、支払いが可能かという点だ。手元に現金があるとしても、すでに使い道が決まっている金か、あるいは好きなものに使ってよい資金か、きちんと見分ける必要がある。すでにたくさんの請求書がたまっているなら、カードでの買物は控えたほうがよい。

たとえ必要な品でも、昼夜を問わず支払いに頭を悩まされるより、なしですませたほうがよほど健康的だ。

しつこいようだが、人生を豊かにするものでないかぎり、買物はできるだけ控えるべきだ。CDに十二ドル、カプチーノに二ドルと、ひとつひとつの金額は小さくても、ちりも積もれば山となる。

ベンジャミン・フランクリンがこんな警句を残している。

「細かな出費に注意せよ。千丈の堤もアリの穴より崩れる」

少額の出費によほど注意していないと、経済状態は黒字から赤字に転落する。すべてはやりかたしだいだ。支出が収入額より十パーセント多ければ、やがては破産と混乱に直面し、収入額より十パーセント少なければ、財布にゆとりが生まれ、経済力もつく。

ナマケモノが「幸せなお金持ち」になるために92

衝動買いは賢者の敵。
支払う額に対してどれだけの満足が得られるか
つねに自問することが大切だ。
最高のお買い得品は、買わずに終わった品である。

ひとつひとつの買物に慎重になるのは面倒かもしれないが、その手間は決して無駄にならない。現在の楽しみをあきらめるということではない。むしろ、万一のときの備えがあり、将来好きなことができると思えば、今日の消費を控えるのは大きな喜びになるはずだ。

もしあなたがこの章を読んで、迷っていた大きな買物を取りやめたなら、本書に投資した金は無駄ではなかった。むしろ、何倍にもなって返ってきたのと同じだ。

ただし、それだけで満足してはいけない。

衝動買いに走りがちな心をうまく操ることによって、今後の数十年で何十万ドルもの金が節約できる。つまり、普通の人の半分の労働で、豊かな生活を楽しめるのだ。

ナマケモノが「幸せなお金持ち」になるために㉝

何かがほしくてたまらなくなったときは、その欲望を消す努力をしよう。欲望が消えると、目的の品を手に入れたのと同様の満足感が味わえる。おまけに安上がりだ。

前を通るたびに思わず足を止めるのは
人の気配が感じられない家。
――ジョイス・キルマー――

四方に壁があり、そこに住むのにふさわしい人間がいれば、それだけで立派な家庭だ。
――ヘレン・ローランド――

金が少しあれば書物を求める。残った金で食べ物と衣服を買う。
――エラスムス――

ほかの何に逃げ込もうと、借金地獄にだけは逃げ込むな。
――ジョッシュ・ビリングス――

人生はドル札に刻まれるものではない。
――クリフォード・オデッツ――

すべての夢がかなうのがどんなものか知っていたら、
もっとささやかな夢で手を打っていたのに。
――リリー・トムリン――

仕事と呼ぶものに対する献心的な熱愛は、
他のすべてをないがしろにする生活の上に成り立っている。
――ロバート・ルイス・スティーヴンスン――

いつも忙しいと感じるのは、充実した人生を送っている証ではない。
むしろ、人生を浪費しているのではないかという漠然とした不安のせいだ。
今やるべきことをやらなければ、結局は何も成しとげられない。
――エリック・ホッファー――

ものの価値は、わたしが人生と呼ぶものをどれだけ差しだせるかによって決まる。
取り引きはその場で終わることもあれば、生涯つづくこともある。
――ヘンリー・デイヴィッド・ソロー――

あらゆるものの真の価値、つまり、人間がそれを獲得するために支払う代償は、
獲得に要した手間と苦労にほかならない。
――アダム・スミス――

成功に意味があるとすれば、やりたいことができる立場に人を押しあげることです。
――サラ・コールドウェル――

見よ！　人間は自分たちがつくりだした道具に使われる身と成り果てた。
――ヘンリー・デイヴィッド・ソロー――

心の奥に眠る真実は、無為に過ごしている時間や夢のなかに浮かびあがってくる。
――ヴァージニア・ウルフ――

小人は小事に心を乱す。
――ベンジャミン・ディズレーリ――

物質的な豊かさより大切なものがある

「幸せは目の前にあったのに、わたしたちはさらに多くを求めた」

バート・バカラックとキャロル・ベイヤー・セイガーのこの曲『ウイ・ウォンテッド・イット・オール』は、二十一世紀に北米大陸で暮らす多くの人々の心の状況を的確に表現している。幸せと呼ばれる目的地に、彼らは永遠に到達できない。なぜなら、名声や財産、豪華な屋敷に海辺の別荘、二台めまたは三台めの車、魅力的な配偶者と三人のお行儀のよい子ども、大物の友人たちに外国での休暇、そのすべてを手に入れないと満足できないからだ。

現代の西欧社会では、かぎりのない欲求が人々の心に深く根を下ろしている。巧妙な広告や宣伝によって、誰にでもあらゆるぜいたくが許されているばかりか、ぜいたくを楽しむのが当然と思い込まされているのだ。

そこまでの要求をかなえることなど、実際の話、神様にだって不可能だ。

考えてみれば不思議な話だが、現代の中流及び上流階級に属する人々は、他の時代の同じ階級の人たちに比べて物質的にははるかに恵まれているのに、人生における満足度は低下しているという調査結果がある。その原因のひとつが、飽くなき物欲と見てよいだろう。

結局のところ、すべてを求めても幸せにはなれない。なれるわけがない。ほしいものすべてを手に入れるにはそれだけ多く働かなければならず、人生を楽しむ余裕などなくなってしまう。だが残念なことに、自分のなかに存在する貪欲さが、時間の浪費、そして人生の浪費につながることに気づいている人は少ない。

飽くなき欲求は過労の原因になるだけでなく、経済的な問題をも引き起こす。収入を上まわる消費のせいで、カナダ人のじつに六十五パーセントがかつかつの生活をしているという。同様にアメリカでは、年収十万ドル以上の家庭の約二十パーセントが〝生活必需品〟を買うだけで収入のほとんどが消えてしまうそうだ。(三万ドルの年収の十パーセントから二十パーセントを預金にまわしている人たちが聞いたらさぞ嘆くだろう。)

ナマケモノが「幸せなお金持ち」になるために㉔

丁重に接すれば、金はよき友人となる。
金を見下すと、いつかは金に泣くはめになる。

〝すべてを手に入れたい症候群〟にかかると、働いては使うという悪循環から抜けだせなくなる。ものを買っては、代金を支払うために働き、さらにものを買って、いっそう長く苛酷な労働に縛りつけられる。

昇給すれば問題が解決すると思ったら大間違い。大幅な昇給があればあっただけ、さらに目新しい何か、さらに大きな何か、さらに派手な何かがほしくなるだけだ。

飽くなき欲望にはきわめて大きな精神的代償がつきものだ。より新しい何か、より大きな何かを手に入れられないことの恐怖に人生を支配されてしまうのだ。

満ち足りた人生が送れないのは自分の消費行動に問題があるせいだという事実を、この手の人たちは認めたがらない。

自分より多くを持っている人を目にするたびに、不満はさらに高まる。

アメリカ人の作家モーリス・センダックは、「すべてを手に入れるだけが人生ではない」と述べているが、まさにそのとおりだ。

ほどほどで満足することを知れば、人生ははるかに楽しく充実したものになる。

物質的な執着は、永久に満たされることのない心の空洞をつくりだすだけだ。健全な家計に支えられた暮らしにもっとも重要なのは、必要なものと不要なものを見分ける目だ。

いい替えれば、本当になくてはならない品か、あるいはたんなる欲望の対象かをつねに自分自身に問いかけることが必要だ。

なくてはならないと思い込んでいる品も、実際のところはまったく不要で、時間と労力と金の浪費でしかない場合が多い。

生きるために本当に必要なものはごくわずかだ。人間の欲望にはきりがない。厳しい目で見直せば、必要だと考えていた品も、じつはたんなる欲望に過ぎなかったと気づくだろう。考えてみれば、人間誰しも生きていくのに必要なものはすべて持っているはずだ。さもなければとっくに死に絶えている。

あなたにとって最大の財産は頭脳だが、頭脳は巧妙ないたずらをしかける名人でもある。いちばん多いのが、無駄遣いの自覚を消し去ってしまうというたずらだ。

ナマケモノが「幸せなお金持ち」になるために㊞

無理をしてまで大きな家を求める必要があるだろうか。

たとえ小さな家でも、一軒の家の主となった喜びは変わらない。

むしろその喜びは、家の大きさに反比例する。

このたちの悪いいたずらを許していると、金銭だけでなく健康や自尊心や正気まで失うはめになり、豊かで満ち足りた人生はあなたのもとから永久に去っていく。

欲望を抑えるすべを学ばないかぎり、本当に望む品を買うための資金を貯めることも、〝幸せなお金持ち〟への転身を遂げることも不可能だ。

物欲に支配された人間はすべてを失い、ものより心を大切にする人間は、いつの日かすべてを手にする。今という瞬間を大切にし、現在手にしているものに感謝してはじめて、人間は望みをかなえることができるのだ。

ナマケモノが「幸せなお金持ち」になるために㊻

金を支配するのは、とくにむずかしいことではない。

唯一の基本は、稼いでから使うこと。

この基本を守るだけで、金に困るような状況に陥らずにすむ。

本当の大人になることもできる。

第5章

時間は金で買えない

仕事で成功しても家庭人として落第では人間失格

現代人の悩みのひとつは、やりたいことはたくさんあるのに使える時間はかぎられているという点だ。

だからこそ、時間のやりくりが非常に重要なのだ。収入の額とは関係なく、人間は仕事と遊びをうまく両立させてはじめて真に豊かな生活を送ることができる。

心身ともに健全な生活を営んでいくためには、仕事は週に四十時間以内に抑え、個人としての暮らしをしっかり楽しむことが大切だ。

いうまでもなく、仕事で成功しても家庭人として落第では人間として失格だ。ビジネスの場では大成功を収めたものの、みじめな人生を送るはめになった人の例は枚挙にいとまがない。

わずか数ドルの余分な収入を得るために、あるいは、たんに目新しい商品を買うだけのために、現在手にしている幸せを犠牲にするようなことがあってはならない。

使う暇もない品の代金を支払うために毎日仕事に出かけるのではあまりに悲しい。

生の実感もなく、たんに存在しているだけでは、どれほど経済的に恵まれていようと生きている意味がない。

意義深い人生を送るためには、たっぷりした休養と明日の喜びにつながる余暇活動が不可欠だ。人生を価値あるものにするのは、いつ果てるともしれない労働ではなく、家族や友人との語らい、散歩や旅行、そして自分の心とじっくり向き合う時間だ。

ほかのことをする余裕がまったくないほど仕事一辺倒の暮らしをしている人間は、貧しい意識の持ち主だといわざるをえない。

物質的な豊かさもある程度は重要だが、ほかのことすべてを犠牲にするほどの価値はない。もしあなたが金儲けだけを考えて不健康な生活を送っているとしたら、どれだけ大金を稼いでも、満ち足りた気持ちにはなれないだろう。

ナマケモノが「幸せなお金持ち」になるために⑰

金儲けを人生の目的にしてはならない。
有意義な人生を送ることを究極の目的にすべきだ。

十分な睡眠時間、きちんとした食事、定期的な運動、そして家族や友人との楽しい時間が持てないようでは、豊かな生活とはいえない。

当然ながら、個としての生活を犠牲にして仕事だけに生きてきた人より、好きなことをして楽しい人生を過ごしてきた人のほうが長生きだという調査結果もある。

この世でもっとも幸せなのは、自分が好きなことを職業にして、なおかつ遊びと仕事の絶妙なバランスを保てる人間だ。

わたしは働き過ぎより遊び過ぎのほうがはるかにましだと考えているが、仕事自体も非常に楽しいので、つい仕事と遊びの境があいまいになってしまいがちだ。

とはいえ、一日の仕事時間を平均四、五時間以内に抑えるという方針を変えるつもりは毛頭ない。

仕事を楽しむことができるなら遊びなど必要ないと主張する方もいるだろう。

仕事そのものが遊びなのだと。だが、わたしはそうは思わない。

この世はあらゆる楽しみや冒険や未知の情報にあふれている。

仕事だけの世界に自分を閉じ込めてしまうのは、人生の醍醐味を味わうことなしに放棄してしまうのと同じだ。

また、現在の仕事が好きになれず、たんに暮らしをまかなうための手段と見なしているなら、その仕事を今後もつづけるべきか、もう一度真剣に考え直したほうがいい。

経済的に成功しても、人生のより深い意味を理解できたということにはならない。充実感や人間としての高潔さ、それに心の底から湧きでるような幸福感に裏打ちされていない金銭面だけの成功は浅薄なものだ。

現代の成功者といわれる人たちの多くは物質的には恵まれているが、人生の目的や意味を見出せずにいる。

というのも、精的面の充実をはかる努力を怠っているためだ。

その結果、引き起こされるのはストレスや欲求不満、最悪の場合は神経の病や脳卒中や心臓発作である。


ナマケモノが「幸せなお金持ち」になるために⑱

次の言葉を深く胸に刻んでいただきたい。

一日に八時間以上働いているなら、あなたの仕事選びは間違いだ。

あるいは、仕事の進めかたがよほどまずいのかもしれない。

働き過ぎの生活にどっぷりつかっている人たちが夢に描いてるのは、いつかは実現するはずの優雅な日々だ。

預金が目標額に達する日を、あるいは引退して年金暮らしができる日を、彼らは指折り数えて待っている。だがあいにく、その日が到来することはめったにない。

その前に命が尽きてしまっているか、金と時間の両方が手に入ったときはすでに年老いて、人生を楽しむ体力も気力も消え失せているかのどちらかだ。

本当のところ、遊びのための時間は自分で積極的につくりださないかぎり永久に持てない。

忙しがるのが好きな人もいれば、予定を目いっぱい詰め込んで、時間がないとぼやく人もいる。

ソファーでゴロゴロする時間はあるのに、有意義な余暇活動にさく時間などないといい張る人もいる。

生活のテンポを落として本来の自分自身を取り戻し、真の意味で生きるには、知性と勇気が必要なのだ。

仕事と遊びのバランス感覚にすぐれた人間は、人生のなかで何を優先すべきかを心得ている。

つまり、自分がこれと定めたものに時間と労力を効率的に使う能力にたけているのだ。

その流儀を身につけるためには、まず手始めに、自分にとっての優先順位を定めることだ。

あなたにとって最優先すべきものは何か考えてみよう。

配偶者か、子どもか、健康か、個人としての成長か、仕事か、地域の一員としての責任か、精神的な充足か、あるいはより深い教養を身につけることか……。

正しい優先順位を定めることができたか、その順位に即した生活を送っているか、それを判断できるのはあなただけだ。

どういう暮らしをしたいのか、頭のなかにはっきりしたイメージを描くことが肝心だ。

自分にとって本当に大切な活動に多くの時間と努力を注げば注ぐほど、人生は充実したものになる。

真に望むなら、自分の価値観に合ったライフスタイルを実現させることは誰にでも可能だ。

ナマケモノが「幸せなお金持ち」になるために㊾

人生には代償がつきものだ。
勤勉に働かないことによる代償もあれば
働き過ぎによるさらに大きな代償もある。

あなたの人生の舵をとるのはあなた自身であって、会社でも、政府でも、配偶者でも、世間でもない。

自分さえその気になれば、過剰な労働と物欲が支配する世界から足を洗って、趣味に打ち込むことも、子どもとゆっくり遊ぶことも可能だし、もっとやりがいのある職業に変わることもできる。

長年慣れ親しんできたライフスタイルを変えるのは容易ではないが、それが可能なことは多くの人たちによって裏づけられている。

勇気を奮い起こして、困難な道を乗り越えてきた人たちだ。

生活を切り替えることによって、彼らは家族と過ごす時間が増え、自然や地域の人たちとの交流を深め、金儲けだけを追求していたときには忘れていた多くの楽しみを取り戻すことができたという。

このような充実した生活が送れる人間は現代社会の二パーセント程度にすぎないかもしれないが、それなりの代償を支払う覚悟さえあれば、あなたもその一員になれる。

何も好きこのんで長く働いているわけじゃない、社会の仕組みがそうなっているのだと主張する方もいるかもしれない。

だが、あなたがどう考えようと、人間性を失ってしまうほどの長時間労働に明け暮れるのは社会の仕組みのせいではない。

そういう生きかたを本人が選んでいるのだ。

どうしてもそうは思えないという人は、自分の頭でものを考える力を失っているのだろう。

真実をしっかり見つめる目を持たないかぎり、人生の質を高めることはできない。

あれこれいい訳を並べ立てるのをやめて新しいライフスタイルを打ち立てる覚悟ができたら、まずはどのように生活を変えていくべきか検討していこう。

ナマケモノが「幸せなお金持ち」になるために⑩⓪

次の問いに、あなたはどう答えるだろうか。
どんなに高収入だろうと
つねに過労とストレスにさらされる仕事をする意味があるか？
たんに寝に帰るだけなら、豪華な邸宅をかまえる必要があるか？
楽しむ時間がないのに、どうして話題の新製品を買い揃えるのか？
究極の問い——めったに会えないなら、そもそも家族とは何か？

働くのは人の常、遊び暮らすのは神の業

十九世紀のスイスの博物学者ジャン・ルイ・ロドルフ・アガシは、高額の謝礼を示して講演を依頼してきた相手にこう答えた。

「金儲けなどに時間をさいている余裕はない」

彼のような考えかたができる人間は現代にはほとんどいない。

こういう人が増えれば、この世はもっと住みよい場所になるのだが……。

たしかに、現代の社会で生きていくには何かしら仕事をせざるをえない。

しかし、働き過ぎはストレスを生み、人間としての豊かな生活をわれわれの手から奪い取ってしまう。

産業界や教育機関が信奉し、各種のメディアや広告が押しつけてくる価値観を、ほとんどの人は、意識しているいないにかかわらず、無批判に受け入れている。

一歩立ち止まって、なぜみんなと同じにする必要があるのか考える人はまずいない。

豊かな暮らしを送るためには勤勉に働くことが肝心だと一般には信じられているが、それは違う。肝心なのはその逆で、勤勉さを忘れることだ。

仕事中毒はいったん身についてしまうと、マゾ的な喜びが癖になってしまうのか、なかなか抜けだせない。

さらに、労働こそ美徳という宗教上の教えが社会に強く根づいていることもあって、われわれは何がなんでも一生懸命働くべきだと信じてしまうようになった。

しかし、これまでの人生を堅苦しい信念に縛りつけられてきた人も、考えかたひとつで、〝幸せなお金持ち〟へ生まれ変わることができる。

頭の堅い働き者は労働時間の長さを問題にするが、〝幸せなお金持ち〟が問題にするのは仕事の成果だ。

ナマケモノが「幸せなお金持ち」になるために⑩①

働くときは真剣に。
仕事を一歩離れたら
心からリラックスして遊びに没頭しよう。
自分のためになるだけでなく、友人や同僚の意識も変わるはずだ。

収入においても、ライフスタイルにおいても、両者の差は歴然としている。懸命に働かなければ生計を立てることなどできないといい張る頭の堅い人たちの言葉に耳を貸してはならない。

たとえば、スティーヴン・M・ポランは著書『豊かに生きる法（Live Rich）』のなかでこう述べている。

〝楽な金儲けの方法などない。普通の人より早起きし、より懸命に働き、より遅く寝る覚悟がなければ金は貯まらない。苦労せずに大金持ちになりたければ、遺産を相続するか、宝くじでも買うことだ〟。

彼の言葉に従うなら、勤勉に働いても苦労するだけということになる。

物心ともに豊かな生活を実現させるためには、ポランの主張よりもっと前向きで積極的なやりかたがある。

大いに参考になるのが、『百万ドルの習慣――たった十の習慣があなたを成功へ導く』（邦訳：ＤＨＣ）の著者ロバート・リンガーと、『金持ち父さん貧乏父さん』（邦訳：築摩書房）の著者ロバート・Ｔ・キヨサキのふたりの人気作家が提唱する方法だ。

頭脳を最大の財産にすれば、金儲けはさほどむずかしくないと彼らは説く。

そして、稼いだ金の大半を貯金して有効に投資すれば、何倍にも増やすことができる。

いい替えれば、経済的な豊かさをもたらすのは勤勉な労働ではなく、独創力と賢い投資なのだ。本書の基盤にあるのは、人生の質を高めるには世間の人たちより賢く頭を使い、より少なく働くべきだという考えかただ。

この考えを実践するためには、仕事と遊びに関する価値観を見つめ直す必要がある。十七世紀のフランス人作家ラ・ロシュフコーはこういっている。

「人生でもっとも重要なのは、ものの価値を正しく判断できる能力だ」

問題の根はそこにある。労働の価値を正しく理解している人はごくわずかだ。

ナマケモノが「幸せなお金持ち」になるために⑩②

たいていの人は些事《さじ》にかまけて
独創力を活かせずに終わってしまう。
その仲間に入ってはいけない。
どうでもいいことに時間をかけるのは敗北のもとだ。

多くの場合、労働は過大評価され、遊びは過小評価されがちだ、教会や学校における教育、企業の広告や社会のありかたによって長年のあいだ、人々の頭にひとつの価値観がすり込まれてきた結果だ。

もう一歩前進するには、まず人生のなかで仕事の占める位置を正しく認識する必要がある。労働には多くの長所があるが、同じぐらい多くの害もあることに、ほとんどの人は気づいていない。

まさに、作家のウィリアム・フォークナーが指摘するとおりだ。

「悲しいことに、人間が来る日も来る日も一日に八時間も続けざまに行なえるのは仕事だけだ。八時間休まずにものを食べるのは無理だし、八時間ぶっ通しで愛し合うこともできない。八時間つづけられるのは仕事だけだ。人間がいつも仏頂面をして自分や他人にいやな思いをさせるのも無理はない」

一般に考えられているのとは違って、大昔、労働は現在のような高い価値を与えられていなかった。

プラトンやアリストテレスなどの古代ギリシアの哲学者たちは、自由な時間こそが究極の豊かさの証だと述べている。

富や権力や地位を求めてあくせく働くのは、みずから奴隷に成り下がるのと同じだとして軽蔑された。

基本的な必要を満たしてもなお働こうとする人間が批判の対象となったのは、ぜいたくや権力への飽くなき追求は心の奥に存在する自由への恐怖をごまかすためだという考えかたゆえだ。

さらにプラトンとアリストテレスは、現代人の多くが混同している無為と怠惰を、まったくべつのものと考えていた。

何もしないでいることに、仕事よりはるかに高い価値を置いていたのだ。

プラトンによれば、暇な時間とは〝休止状態ではなく、心身が生き生きと活動していること〟を意味する。つまり無為の時間は、人間が仕事の場では経験することのできない方法で心身をリフレッシュさせ、新たな鋭気を養う絶好の機会なのだ。

ナマケモノが「幸せなお金持ち」になるために⑩³

もうひとつの大切なメッセージ。
働くのは人の常
遊び暮らすのは神の業。

現代にはもうひとつの真っ赤な嘘が流布している。人間は長い時間働くのが当然だという考えだ。とんでもない。長時間労働は、産業革命の悪しき置きみやげにすぎない。人類学者によれば、中世ヨーロッパの貧しい農民でさえ、現代人ほどの長時間労働にはさらされていなかったそうだ。

古代ギリシアやローマ時代の人々は、現代よりたっぷりした余暇時間に恵まれていた。一年の三分の一近く（三百六十五日のうち百九日）が労働や仕事には不適当と見なされていたのだ。

また、今も地球上にわずかに残っている原始的な社会には、先進国のような長時間労働は存在しない。

意外に思えるかもしれないが、そういう社会に生きる人々は幸せで満ち足りた毎日を送り、先進国にありがちなさまざまな欲求とも無縁だという。

われわれも古代ギリシアを見習って、人生の基準を仕事と物質的な豊かさでなく、心身をリフレッシュさせる余暇活動に置いてみようではないか。

本当に望むなら、物質主義に左右されないトータルな人間としての成功を手にできるはずだ。そのための努力をしている人間は、残念ながらまだごくわずかだが。

ワーカホリックの人たちには信じがたいかもしれないが、遠い将来の安楽のために週に五、六十時間も働く必要はないのだ。

仕事づけの毎日を送っている人にこういうのは酷だが、将来楽ができる保証はどこにもない。二、三十年間ものあいだ、現在の幸せを犠牲にしてやみくもに働きつづけても、引退を目前にしたある日、バスにはねられて命を落とすかもしれない。

そうなったら目も当てられないではないか。

ナマケモノが「幸せなお金持ち」になるために⑩④

〝幸せなお金持ち〟のモットー
どんなに能率よく仕事をこなしているつもりでも
まだ改善の余地はあるはずだ。

忙しいというい訳は、仕事のできない人にとって最後の切り札

多くの現代人の例に漏れず、あなたも高収入を得なければならないという強迫観念に取りつかれていないだろうか。わくわくする瞬間や充実感を求めて生活の質を高めようと願っても、自由になる時間などまるでない。

こんな状況に心当たりがあるなら、あなたはすでにりっぱなワーカホリックになっているか、なりかけているかのどちらかだ。働き過ぎかもしれないという自覚が少しでもあるなら、問題はあなたが考えている以上に深刻だ。

ほとんどの企業や社会そのものが労働礼賛主義に陥っている現在、多くの人がワーカホリックになるのは無理のないことだ。

だが、ワーカホリックの生きかたからは実のある成果や充実感は生まれない。それどころか、現実はかなり悲惨だ。

最近行なわれた調査によると、仕事が人生の大半を占めていると考える労働者は何千万人にも及ぶという。実際のところ、三十五歳から四十四歳までの会社員の半数が、仕事が忙しくて家族や友人と過ごす時間がないと訴えている。

毎日長い時間をオフィスで過ごし、休暇もろくに取らず、企業人として生きているこれらの人たちが心のよりどころとするのは、家族や友人や教会でなく職場だ。

悲しいことに、彼らにとっては仕事が自尊心や自己認識の証となっているのだ。

仕事のしすぎで本来の自分を見失い、セラピストのもとを訪れる患者は引きも切らない。サンフランシスコで開業している精神分析医のメイナード・ブラスマンは、近ごろ『ファースト・カンパニー』誌上で次のように述べた。

「職場がコミュニティ・センター化して、ほとんど生活の場になっているのです。彼らは不安になって相談にきますが、何が問題か気づいていない。こうした生活にすっかり慣らされているのです。このような生きかたがはたして健全といえるでしょうか。わたしにはそうは思えません」

ナマケモノが「幸せなお金持ち」になるために⑩⑤

一日に十四時間働いたから生産性が高いと思ってはいけない。
同じ量の仕事を四時間で片づけ
あとの十時間を楽しく過ごしてはじめて生産的といえる。

そんなことがあるものかとあなたがいくら主張しても、仕事づけの毎日を送っていれば、いずれは問題が明らかになる。仕事がきつくなればなるほど、顔から生気が消えていく。仕事に没頭すればするほど、顔のやつれはひどくなる。心身ともにいつも疲れているのがあたりまえという状態になっていく。ときが経つにつれ、状況はさらに悪化する。

運動と同様、仕事のやり過ぎも百害あって一利なしだ。健康問題の専門家によると、過労は潰瘍や腰痛、不眠や鬱病の原因になるだけでなく、心臓発作を引き起こす場合もあるそうだ。

たとえバスにはねられなくても、こうした病気が原因で早死にしたら元も子もない。安定を欠いた人生は、片翼を失った飛行機と同じだ。揺るぎない人生は、揺るぎない精神の上に成り立つ。投資が必要なのは財政面だけでないのだ。

人生における仕事の位置づけを新たな目で見直せば、これまでの暮らしが驚くほど変わる。労働人口の少なくとも二十パーセントは仕事中毒にかかっているといわれる昨今だが、ワーカホリックが何か知的でかっこいいもののように思ってはいけない。

ワーカホリックの精神をかたちづくるのは完璧主義や義務感、そして強迫観念だ。仕事に全力投入する結果、友人や家族、そして自分自身のために使える時間はゼロとなる。

重症のワーカホリックは深刻な心の病気だといい切る心理学者もいるほどだ。

他人との付き合いや余暇活動が苦手なせいで仕事に逃げ込む人が多いのも、悲しいことだが事実だ。既婚者で子どもがいようと、状況は同じだ。

社会学者のアーリー・ホックシールドは著書『時の呪縛：仕事が家庭になり、家庭が仕事になる時（The Time Bind: When Work Becomes Home and Home Becomes Work）』で、多くの共働きの夫婦が長時間を職場で過ごすのは、上司の命令によるものではなく、家庭生活の煩雑さから逃れたいためだと述べている。

こういう人たちは体調がすぐれないときも、家にいるより会社に出勤するほうを選ぶ。

ナマケモノが「幸せなお金持ち」になるために106

どんなに好きな仕事でも、職業を生きがいにするのは危険だ。
仕事が生きがいになると
失職や退職と同時に自分を見失うはめになる。
こんな悲しい話があろうか！

実のところ、ワーカホリックにかかるのは強い精神の持ち主ではない。人生を楽しもうという意欲に欠けた弱い人間だ。

彼らにとって健康や幸せは重要な意味を持たない。家族とのだんらんや友人たちとの語らいなどを通じて内面を成長させるのを嫌って、ひたすら仕事に打ち込むのだ。

彼らはまた、自分の能力に自信が持てない、気持ちの貧しい人間でもある。

そうでなければ、仕事ばかりしているわけがない。

あなたがどう考えようと、私生活の空虚さは職場では埋められない。

仕事は日常の一部でしかなく、家族との交流や遊びやスポーツ、それに自分の心と向き合う時間のほうがはるかに大切だ。

持てるエネルギーのすべてを仕事に向けずに、余暇の時間を有効に使うことを覚えたほうがいい。余暇の有効な活かしかたを人生の早い時機に身につけた人間は、老後の生活が充実するだけでなく、毎日の仕事もさらに楽しめるようになる。

勤勉という呪縛を解き放つためには、経済の発展に貢献する熱心な消費者、よく働くまじめな社会人といったレッテルを返上する必要がある。

一日四時間の労働で生活が成り立つなら、すぐにもそうすべきだ。世間がどういおうと関係ない。自分にとっての成功とは何かをしっかりと見定め、わが道を行く強い意志を持つことだ。

肝心なのは、長時間労働を改めようとしない周囲の圧力に負けないこと。同僚や上司には、自分は非常に有能で仕事が速いので、一日八時間以上働く必要はないと伝えるといい。決められた時間内に密度の高い仕事をしているなら、周囲に遠慮して職場に居残る必要はないのだ。賢明な上司であれば、あなたが会社にとってかけがえのない財産であることを理解し、人間らしい生活を送りたいというあなたの意志を尊重するはずだ。

口でいうのは簡単さ、とお思いの方に、わたし自身の例をお話しよう。数年前、ある私立の職業学校の教師をしていたとき、一枚の不吉な文書がまわってきた。そこには、本日をもって本校の教師は全員午前八時に出勤し、午後五時まで校内にとどまることと記されていた。

ナマケモノが「幸せなお金持ち」になるために ⑩⑦

仕事中毒の人が有能とはかぎらない。
むしろ、その逆だ。
彼らは〝幸せなお金持ち〟の倍の時間をかけても
半分の仕事しかできない。

こんな命令に誰が従えるものかとわたしは思った。もともと、決められた授業さえこなせば、あとは何時に帰宅しようと自由という条件で雇われたのだ。毎日九時間も学校に縛られていたら、何より大切な個人としての時間がなくなってしまう。ほかの教師たちが唯々諾々と従う姿勢を見せるなか、わたしはひとりで闘う決意を固めた。

翌日、授業を終えて帰宅の準備をしていると、上司のひとりが詰め寄ってきた。

「もう帰るのかね、アーニー？　まだ三時だぞ」

わたしは答えた。

「ええ、お先に失礼します。午後三時過ぎまで働くほど、ぼくの人生は不毛ではありませんから。あなたはいかがです？」

上司が目を白黒させて何もいえずにいるうちに、わたしは鼻歌まじりで学校をあとにし、お気に入りのコーヒーショップでゆっくりとくつろぎながら、友人たちとのおしゃべりを楽しんだ。

職業学校の教師のなかで、わたしは生徒たちから最高の評価を受けていたので、それ以上文句をつける上司はひとりもいなかった。

わたしに詰め寄った人間は、自分でも授業を受け持っていたが、生徒たちからの評価は最悪だった。

長い時間学校にいても、教師として優秀とはかぎらないのだ。

もっとも、これはべつだん驚くような例ではない。どこの職場にも一日十二時間から十四時間も働きながら、ほかの人たちよりはるかに生産性が劣る人間が大勢いるものだ。

このことから、ワーカホリックの持つもうひとつ大きな特徴が浮かびあがってくる。

彼らはおしなべて、仕事ができない。

ナマケモノが「幸せなお金持ち」になるために(108)

ワーカホリックの特徴

彼らがかかわると、仕事がなかなか終わらない。

どんなに簡単な問題も、可能なかぎり複雑にする。

どんなに小さな問題も、可能なかぎり大きくする。

〝幸せなお金持ち〟から見れば些細な問題を、重要任務のごとく扱う。

すでに忘れられた問題の解決に長い時間をかける。

仕事が絶好の暇つぶしになっているのだ。たしかに多忙な毎日を送っているかもしれないが、そのことにいったいどんな意味があるのか?

どれほど退屈でつまらない仕事であろうと、彼らにとって仕事は救いだ。「ちょっと今バタバタしているから」といえば、たいていのことは逃れられる。家庭での責任や社交的な付き合いが面倒なために、職場に逃げ込む者もいる。

仕事はまた、健康な生活への努力を怠るいい訳としても利用される。

本人が意識しているいないにかかわらず、必要以上に長い時間を仕事に捧げるのは、健康的で快適な暮らしを実現させるための労力と時間を惜しむからにほかならない。

うがった見かたと受け取られるかもしれないが、忙しいといういい訳は、仕事のできない人にとって最後の切り札なのだ。

自由な時間を有意義に、建設的に過ごすには豊かな独創力が不可欠だが、職場で忙しがっているぶんには凡庸な頭脳でこと足りる。

わざわざ自分で新しいやりかたを考えなくとも、誰かほかの人間がやったとおりにくり返せばいいのだから。

私生活が充実していれば、仕事に全身全霊を捧げるようなまねはしないはずだ。

さらに、独創力豊かな人間なら、作業の効率もよいはずで、生活費を稼ぐために長時間会社に縛りつけられる必要はなくなる。

自由な時間を持つことによって、人生がもっと楽しくなり、生産性もさらに向上する。

忙しさに埋没するような生きかたは、企業や教育機関やマスコミによって現代人に植えつけられた悪習である。今日の社会では、死ぬほど忙しくしていないと大物扱いされない。

忙しさと生産性の高さを社会全体が混同しているせいだ。

忙しくしていれば成功できると思ったら大間違い。もしそうなら、もっと多くのアメリカ人が大成功しているはずだ。

ナマケモノが「幸せなお金持ち」になるために ⑽⑼

ワーカホリックの最大の欠点は、仕事ができないこと。

彼らは必要のないことばかりしたがる。

それでも、まったく役に立たないわけではない。

反面教師として役立つし、創造性を伸ばす努力をすれば誰でも優秀な働き手になれるという生きた見本を示すことができる。

肝心なのは忙しがることではなく、効率よく働くこと。

どこの会社でも、金儲けにつながるアイデアを考えだすのは、常識にとらわれない独創的な発想ができる社員だ。

労働時間と生産性は比例しない。

仕事ができる人は、煩雑で無意味な作業にわずらわされずに、重要な課題だけに取り組むすべを身につけている。


ナマケモノが「幸せなお金持ち」になるために⑩

意外な事実をお教えしよう。
労働時間を減らすことによって
より多くを成しとげることができる。
要は、本当に重要な仕事だけに集中することだ。

当事者以外の目には、どんな仕事も容易に映る。

──ロバート・ベンチリー──

父には労働の大切さを教えられたが、仕事への愛情は教えられなかった。
正直に言って、仕事が楽しいと思ったことは一度もない。
それより本を読んだり、物語を書いたり、冗談を言ったり、おしゃべりしたり、
笑い合ったりするほうがずっと好きだ。
──エイブラハム・リンカーン──

過剰を根底とする文化は、人間が本来持ち合わせていた感覚の鋭さを着実に奪っていく。

さらに、物や人であふれた現代社会のありようが、われわれの感覚機能を麻痺させる手助けをしている。

──スーザン・ソンタグ──


もっと面倒なやりかたがあるなら、いずれ誰かが発見する。

──ラルフ・E・ロス──


成功者とは、知恵を使って自分以外の人間を働き蜂にする者のことだ。

──ドン・マークウィス──


人が仕事に没頭するのは、真実の自分と向き合うのが怖いからだ。

──オールダス・ハックスレー──


士官には四つのタイプがある。

一番めは、怠惰で愚かなタイプ。実害はないから放っておけばよい。

二番めは、働き者で頭もいいタイプ。細かい部分までしっかり目を配るので、優秀な司令官になる。

三番めは、働き者だが愚かなタイプ。いちばん始末が悪いので、即刻首にすべきだ。

さもないと、不要な仕事を次々に作りだす。

最後は、怠惰で頭がいいタイプ。こういう者こそ最高の地位にふさわしい。

──元ドイツ陸軍元帥フォン・マンシュタイン──


間違った相手と組むのは、何もしないのと同じくらい罪深い。

──サミュエル・バトラー──


相当数の人たちが、仕事に集中することで深刻な神経症から免れている。

──カール・アブラハム──

使い物にならない人間が多いのは、
さまざまなことに気を取られて注意力が散漫になっているせいだ。
──G・エモンズ──

すべてに完璧をめざすのでなく、本当に必要なことだけをせよ。

──ピーター・ドラッカー──


不幸とは、自分が何を求めているかわからずに悪あがきをすること。

──ドン・ヘロルド──

すべての活動に全力を傾ける必要はない

世の中には時間の無駄としかいいようのないことがらが少なくない。

おおかたの人たちは、充実した人生につながるはずもない雑事で毎日を忙殺されている。

だが、こういう人にかぎって、時間がないといいながら毎日テレビの前に三時間もどっかりすわっているものだ。

職場ではネットサーフィンや、何本もの私用電話や、同僚とのおしゃべりに明け暮れ、一日の終わりになって、二、三時間ほど残業しなきゃならないよと文句をいう。

時間が足りないのではない。時間の使いかたが下手なのだ。

有能で仕事が速い人間は、本当に重要な活動だけに時間を投資し、効率よく仕事を仕上げていく。

要は、時間の使いかたの問題だ。

〝幸せなお金持ち〟にとって、そして、すぐれた業績をめざすすべての人間にとって、些末なことがらに時間を取られるのは得策ではない。

時間をどう使うかはあなたしだいだ。

時間をうまく操れば、仕事と私生活のどちらを優先すべきかといった問題からも解放される。時間を上手に管理するコツは、最大の利益をもたらす仕事と、自分が楽しめる遊びだけに集中できる力を養うことだ。

会社というものは、人生全般と似て、なんでも複雑にしてしまう傾向がある。社員たちがたずさわっている作業のほとんどは時間の無駄であるばかりでなく、本来やる必要のない仕事だ。

奇妙なことだが、ワーカホリックの人たちは、たとえなんの利益ももたらさない仕事でも一生懸命取り組むことで、自分が偉くなったような錯覚に陥っている。

ナマケモノが「幸せなお金持ち」になるために⑪

> 大切なのは
> 何が重要で何が重要でないかを見きわめること。
> それができてはじめて、無駄な労力を使わずに
> 本当に意味のある何かを成しとげることができる。

悪いことはいわない。

〝いやしくもなすに足る事ならりっぱにやるだけの価値がある〞という人生訓には耳を貸さないことだ。

こんなたわごとを信じていたら、永遠にバッターボックスには立てない。

途方もない時間と労力と金を注ぎ込んだ結果、何も得ずに終わるのが関の山だ。

やる価値のないことを上手にやってのけても、人生の成功者にはなれない。

具体的な例をあげよう。

顧客への電話があなたの主な仕事なら、就業時間はそのことだけに集中すべきだ。

六時間かけて机を片づけ、電話をかけるのは五分間だけという働きかたでは成功はおぼつかない。

まず一時間電話をしてから五分間机を片づけたほうが、十倍の成果が得られる。

第一章では、かぎられた時間内でベストを尽くすべきだと主張したが、これにはただし書きがある。

時間を注ぐのは重要な活動だけに絞り、些末なことがらは無視すべきだ。

なんにでも手を出してすべてに完璧をめざすのではなく、本当に重要なことだけに全力投球する人間が、最後に大きな成功を手にできる。

肝心なのは集中力だ。どうでもいいことに気を散らしてはいけない。

一見おもしろそうに見えることでも、時間をかける価値があるとはかぎらない。まったくの無駄ではないにしても、本当にやる価値があるかどうかは別問題だ。ほかの仕事に比べて大きな利益を生むかどうか、つねに自問することが重要だ。できるならもう一歩進めて、その仕事が本当にやる価値のあるものか否か判断したほうがいいだろう。

驚くほど多くの人たちが、得るところのまるでない仕事や活動に無駄な時間と労力を注いでいる。

どんなに一生懸命がんばっても、なんのためにやっているのかわからないのでは、努力は徒労に終わる。価値のないことを行なっても意味はないのだ。

ナマケモノが「幸せなお金持ち」になるために⑫

退屈で時間のかかる作業は仕事の虫たちにおまかせしよう。そのほうが、どちらにとっても幸せだ。

やる価値のあることでも、やり過ぎる必要はない

成功を手に入れるには、わき目を振らずに重要なことだけに集中すべきだ。

だが、ここでひとつ注意が肝心。

やる価値のあることでも、やり過ぎる必要はない。

食材と同じで、なんでも生煮えはまずいが、加熱のし過ぎも味をそこなう。

完璧をめざすのと、よい出来をめざすのとでは、天と地ほどの隔たりがある。

よい出来をめざすというのは、時間と労力と持てる能力のすべてを注ぎ込んで最善を尽くすことを意味する。

こうすれば、かぎられた資源のなかから最高の結果を生みだすことができる。

一方、完璧をめざすのは、ないものねだりをするのに等しい。

かぎられた資源が有効に活かされないばかりか、多くの場合、お粗末な結果しか得られない。

わたしの場合を例にあげてお話しよう。

一九九一年一月に『ゼリンスキーの法則―働かないことのススメ』に取りかかったわたしは、執筆の終了を七月末に設定した。

予定の一日遅れで原稿を完成させ、次の一カ月をかけて数人の友人に読んでもらった。当時使用していたワープロにはスペルチェック機能がついていなかったので、つづり字や文法上の誤りを発見してもらおうと思ったのだ。

ナマケモノが「幸せなお金持ち」になるために ⑪③

〝いやしくもなすに足る事ならりっぱにやるだけの価値がある〟という格言を真に受けてはいけない。

これほど笑止千万ないい草はない。

真実は逆で、りっぱにやる価値がある事などごくわずかだ。

次にくるのが、ある程度まじめに行なう価値がある事。

だが、適当にやっておけばすむ事のほうがはるかに多い。

おおかたの事は、そもそもやる価値などまったくない。

物好きな連中にまかせておけばよいのだ。

それでも、プロの編集者がチェックするのでないかぎり、誤りをゼロにするのは不可能だと承知していた。

時間内に可能なかぎりの修正を行なったのち、印刷所に原稿を持ち込んで、九月十五日には本が刷りあがった。

期限内に入稿した甲斐あって、似たような内容の本が書店に並ぶ前に市場に売り込むことができた。

もし出版社を通して発行していたら、つづり字や文法を完璧なものにすることにもっと多くの時間をかけざるをえなかっただろう。

自費出版という方法をとったおかげですべてを速いペースで進めることができ、重要なクリスマス商戦に間に合ったのだ。

売り上げが三万部を突破し、三年連続でカナダ国内のベストセラー入りをはたしたとき、わたしはこの本の改訂版を出すことに決めた。

このとき使用したのは、スペルチェック機能つきのワープロだ。

驚いたことに、初版には百五十箇所ものつづり字の誤りがあった。

だが、そのことが売り上げに悪影響を与えただろうか?

いや、影響はまったくないと断言できる。

つづり字の間違いがあまりに多いという怒りの手紙は、ある学校の教師から寄せられた一通きりで、全部で六百通を超える読者からの手紙の九十九パーセント以上は好意的な内容に満ち、つづり字の誤りにはひと言も触れていなかった。

もしわたしが完璧をめざしていたら、本の完成までさらに十年を要していただろう。

だが実際は、お世辞にも完璧とはいえないものの、わたしなりに最善を尽くして出版にこぎつけ、その結果、この本は十年間にわたってかなりの収入をもたらしてくれた。


ナマケモノが「幸せなお金持ち」になるために⑭

仕事をすばやく片づける三つの方法。

自分で行なう。

専門家を雇ってやらせる。

作業リストから消す。

意外に思われるかもしれないが、完璧をめざすのは、なげやりな態度でのぞむのと同じぐらい危険な行為だ。

どちらも行き着くところは、こんなはずではなかったという失望感と満たされぬ思いだけだ。教育者のドナルド・ケネディはこう述べている。

「〝完璧〟という名のバスを待って、満たされない思いをかかえた多くの人々が街角にたたずんでいる」

また、ジャーナリストのノーマン・カズンズには「人間の本質とは不完全さである」という名言がある。

完璧とは、現実の世界でなく、人間の期待のなかだけに存在するものだ。

安全と同じく、完璧も幻想にすぎない。誤りを皆無にするのは不可能だ。この世に完璧な本や、完璧な料理や、完璧な報告書は存在しないし、完璧に満足した顧客もいない。

世の中には、重箱の隅を突つかずにいられない完璧主義者がいるものだ。だが、人生の何においてもなげやりな態度をとってはならないのと同様に、完璧をめざしてもならない。ものごとをきちんと成しとげられなかったのは自分の力が不足していたせいだと思うのは禁物だ。完璧でなくとも成功者にはなれる。

肝心なのは、よい出来をめざすこと。完璧をめざしてもいけないし、努力を放棄してもいけない。どの程度をよい出来と見なすかは、個々に決めるしかない。

要は、状況と能力の許す範囲内で最善を尽くすことだ。持てる力のすべてを発揮しよう――ただし、本当にその価値があることにかぎって。

逆説的に聞こえるかもしれないが、何につけあまり必死にがんばり過ぎると、かえって実力を発揮できないものだ。

どうがんばっても達することのできない高み、すなわち完璧さをめざして努力することほど、人生にとって大きな損失はない。


ナマケモノが「幸せなお金持ち」になるために⑮

二兎を追う者は一兎をも得ず。
数多くの活動を中途半端にやるのでなく
本当に重要な活動に力を注ごう。
やりかけの仕事をいくつもかかえているより
大切な業務をひとつでも完成させるほうが大きな満足をもたらす。

成功を約束するのは八〇対二〇の法則

人生をバランスのとれたものにするうえで強い味方となるのが、イタリアの経済学者ヴィルフレード・パレートが百年以上前に考案した八〇対二〇の法則だ。

この法則に従えば、時間に追われてにっちもさっちもいかなくなる状況や、現代社会に蔓延している仕事中毒からまぬがれることができる。

実際の話、わたしはこの法則を取り入れたおかげで、一日の仕事を四、五時間に抑え、毎日をゆったりと過ごしながら、まずまずの収入を得られるようになった。

簡単にいうと、八〇対二〇の法則とは、成しとげた結果の八十パーセントは投入した時間と労力の二十パーセントから生まれるという説だ。

つまり、残りの大半の時間からは二十パーセントの成果しか得られない。

じつに八十パーセントの時間と労力がほとんど無駄に費やされているのだ。

この法則についてはは多くの書物や記事が出回っているので、たいていの方はどこかで目にしたことがあるだろうが、実際にその効果を役立てている人はあまりいない。

一時的に興味を引かれても、毎日のあわただしい生活のなかで忘れ去られてしまう場合が多い。しかし、八〇対二〇の法則は、個人や企業にとって、時間と金と労力の節約に絶大な力を発揮する。

この法則は、人生で大きな成功を収めたければ、世間の人たちより少なく働き、頭をフル回転させることが鍵だという本書の大前提とも合致する。

この法則に従えば、短時間の労働でより多い収入を手にし、自分の時間を思う存分楽しむことができるのだ。

さらに、八〇対二〇の法則を三日坊主でなくつねに実践することによって、長期的には大きな利益を獲得することができる。

ナマケモノが「幸せなお金持ち」になるために116

優秀さがあなたの身上なら、そこそこを心がけよ。どんな仕事であれ、完璧は存在しない。存在しないものを追い求めるのは時間の無駄だ。やる価値があることでも、やり過ぎる必要はない。

そんなに効果があるなら、みんな実践しているはずではないか、と疑問を持たれる方もいるかもしれない。

その疑問には簡単にお答えできる。八〇対二〇の法則を実践するには柔軟な発想力が不可欠で、型にはまったものの考えかたしかできない人には向かない。

だからこそ、おおかたの人は実践したくともできずにいるのだ。

「まず考え、それから行動せよ」といったのはアルベルト・シュヴァイツァーだ。

世の中には、自分が何をしているか理解しないまままさざまな仕事に手を出している人がじつに多い。そういう活動は徒労に終わるだけだ。つねに時間に追われ、ストレスでまいってしまうのも無理はない。

バランスのとれた生活を実現させるには、重要なこととそうでないことを見分ける目と、本当に重要な活動だけにベストを尽くす集中力が求められる。

「大事が小事に左右されてはならない」といったのはゲーテだ。

たしかに、われわれが日常行なっている活動や作業のほとんどは、人生の豊かさや充実感を実感させてくれるものとはほど遠い。

仮に、あなたの時間の八十パーセントが価値の低い作業に費やされているとしたら、ぜひともその状況を改善すべきだ。

時間を有効に使うには、重要度の低い作業を身のまわりから排除するにかぎる。完全に捨て去ることは不可能かもしれないが、かなりの部分は省略できるはずだ。そのうちの半分でもなくなれば、時間の余裕が生まれ、人生を楽しむことができる。

ナマケモノが「幸せなお金持ち」になるために⑪⑦

八〇対二〇の法則を忘れずに。
成果の八十パーセントは
投入した時間と労力の二十パーセントから生まれる。
残りの二十パーセントのために
あなたの時間と労力のじつに八十パーセントが浪費されている。
効率の悪い二十パーセントは切り捨てたほうが賢明だ。
この法則を仕事だけでなく私生活にも応用すれば
りっぱな〝暇人〟として通用するだけでなく
知的で生産性の高い人間になれる。

現在手がけていることは何ひとつ省略できないといい張る人がいるかもしれないが、そんなはずはない。効率的に仕事を進めるためには何ひとつ欠かすことができないと思い込んでいても、実際には無意味な作業が大半を占めているものだ。

本当のところ、重要度の低い作業をひとつもかかえていない者など存在しない。人間、ある程度の無駄はつきものだ。成果のあがらない作業を捨て去るのは気持ちのうえではつらいかもしれないが、覚悟を決めれば実行できる。

まず、すべてを完璧に成しとげなければいけないという強迫観念を捨てよう。それから、成果が見込めないのに個人的な思い入れから捨て切れずにいる業務があったら、それも思い切って手放すにかぎる。

どの仕事が有益でどの仕事が無駄か、冷静に見きわめる目を養うことが大切だ。大きな利益を生みだす分野に力を入れて、足を引っ張る業務から自由になることを目標に据えよう。

とくに、自分で仕事を選択できる自営業者にとって、八〇対二〇の法則は非常に有効だ。高収入につながる仕事だけを選べば、時間がないという悩みから解放され、余暇を思い切り楽しむことができる。たとえあなたが会社員でも、八〇対二〇の法則に従えば、ほかの社員に比べて二、三倍の仕事量をこなせるようになる。

仕事の速さはいずれ上司の目にとまり、収入にも反映すること請け合いだ。

毎日決まった時間を職場で過ごすからには、せめて個人としての時間を仕事に邪魔されないよう手を打つべきではないだろうか。仕事を成功させるコツは、八〇対二〇の法則を人生のすべての面に応用すること。効率の悪い作業は、即、切り捨てる。

世間の常識には反するかもしれないが、充実した人生を実現させる鍵は、快適な人生に支障のない程度に働くことだ。八〇対二〇の法則に従えば、この生きかたが可能になる。

八〇対二〇の法則を最強の味方につけて、世間の流れにまどわされずに自分のしたい暮らしを楽しもう。仕事と私生活の理想的なバランスが身につくだけでなく、仕事そのものがきっと大きな楽しみになる。

ナマケモノが「幸せなお金持ち」になるために ⑱

独創的であることも大切だが
価値あるものを見分ける眼を養うことも重要だ。
多くの活動にそれなりの力を注ぐより
二、三の重要な活動に的をしぼって独創的力を発揮するほうが
大きな成果が期待できる。

ペースを落とせば持ち時間が長くなる

時は金なりというが、実際の話、時には金以上の価値がある。金はなくしてもまた稼ぐことができるが、時間はそうはいかない。

ベンジャミン・フランクリンいわく、「失った時間は二度と取り戻せない」。

つまり、金は無限に存在するが、時間にはかぎりがあるということだ。残念ながら、世の中には思い違いをしている人が少なくない。

万事が速いスピードで進んでいく現代社会では、かつてないほど時間の持つ価値が高まっている。時間とは、いってみれば、この世でもっとも希少な資源だ。かぎられた資源に対して、われわれ人間は無限の要求を押しつけている。

しかし、金持ちになることはできても、他人より多くの時間を手に入れることは誰にも不可能である以上、かぎられた時間をどう使うかにもっと神経を配るべきだ。

落ち目だったスイスの時計業界を巨万の富を生む帝国につくり変えた大富豪のニコラス・ハイエックは、時間についてこんな見かたをしている。

「時間にはすばらしい面と恐ろしい面がある。時間はわたしの仕事であり、人生でもある。それでも、わたしは時間が大嫌いだ。なぜかって？　こちらの意志で止めることも、所有することもできないからだ。つねに目の前に存在するが、つかまえようとすると消えてしまう。そして、ごまかしが通用しない。うまくまいたつもりでも、かならず追いつかれる」

時間を味方につけたいと思うなら、逆らってはいけない。時間を相手に闘うのは、引力の法則に逆らうようなものだ。どちらにしても、人間に勝ち目はまったくない。

ナマケモノが「幸せなお金持ち」になるために⑲

八〇対二〇の法則を最大限に活用しよう。
つねに八〇対二〇の法則にもとづいて行動し
八〇対二〇の法則にもとづいて考え
八〇対二〇の法則にもとづいて働き
八〇対二〇の法則にもとづいて遊ぶ。
特別の才能は要らない。
必要なのは、いま何をすべきかを見きわめることだ。

いつもせかせか急いでいる人は、時間を相手に闘っている証拠だ。つねに何かに追われているような毎日は、豊かな人生とはいいがたい。人生の目的は、できるだけ急いで駆け抜けることではないのだ。自分の人生をどう生きようと勝手だとおっしゃる方は、現在の生活が行き着く先に思いを馳せていただきたい。今のまま突き進んでいけば、予定よりはるかに早く人生の終末を迎えかねない。人間にとって最大の財産は頭脳だが、その頭脳は往々にして巧妙ないたずらをしかけ、誤った考えを人に抱かせる。そのひとつが、仕事だけでも忙しいのに、のんびり休養したり、社交的な付き合いをしたり、余暇活動にいそしんだりする時間などないという思い込みだ。

悪いことはいわないから、もう一度よく考えていただきたい。

一日は分に直せば千四百四十分、秒に直せば八万六千四百秒もあるのだ。地球上の誰にとっても持ち時間は同じで、充実した毎日をゆったりと笑顔で送っている人も例外ではない。

余分の時間を生みだすのは、それほどむずかしいことではない。充実した人生を実現したくてもどうにも時間が足りないと感じたら、時間の使いかたを見直すことだ。

近ごろペンシルヴェニア大学が実施した調査によると、時間がないというのは、多くの場合、たんなる錯覚にすぎないそうだ。重要な課題を成しとげる時間も、楽しい活動に打ち込む時間も本当はたっぷりあるのに、たんに有効に利用していないだけなのだ。

持てる時間の三十ないし四十パーセントを無駄なく活用すれば、時間の不足に悩むことはなくなる。現在よりもっとペースをあげれば持ち時間は増えるはずだと考える方もいるだろう。実際に試してみたが、前よりさらに忙しくなったと感じた方もいるかもしれない。オランダの諺にあるとおり、「急げば急ぐほど、時間はなくなる」のだ。たしかに、どんなにたくさんの余暇活動に手を染めても、それで生活が充実するというものではない。本来なら心身のストレスを取り去り、健康の増進に役立つはずの楽しい活動も、がむしゃらに行なえば逆効果だ。

運動も、瞑想も、ゆっくりと気持ちを落ち着けて行なわなければ何の意味もない。たんに時間の浪費となるだけだ。

ナマケモノが「幸せなお金持ち」になるために⑳

どんなに働いても、時間という報酬は手に入らない。
どれほど大金を積んでも、時間を買うことはできない。
だからこそ、賢明に使うべきなのだ。

企業においては、時間管理の大切さがしばしば強調される。しかし、かぎられた時間内にできるだけ多くの作業を詰め込もうというやりかたは、一般に考えられているほど効果的ではない。問題は、時間をかけて行なっていることの大半が重要度の低い作業だという点だ。

要は、時間を管理するのでなく、時間の上をいくのだ。〝幸せなお金持ち〟と認められる条件のひとつは、自分の仕事を自分のペースで行なえる能力である。

周囲のペースに巻き込まれてはいけない。あなた以外のすべての人が日ごとに生活の速度を増しているように見えても、まねする必要はない。現代社会のペースに惑わされることなく、自分の心身にとってもっとも快いペースを身につければよいのだ。

〝幸せなお金持ち〟がいかにして時間をうまく操っているか、その秘密をお教えしよう。

持ち時間を長くしようと思ったら、逆にペースを落とすのだ。一瞬一瞬を大切に過ごすことを心がけると、なぜか不思議な力が働いて、これまでより時間がたっぷり使えるようになる。ペースを落とすことを覚えれば、時間と闘う必要がなくなり、時間を支配できる。小説の執筆、公園の散歩、隣人とのおしゃべり、のんびりとした入浴、なんでもいい。

その瞬間を心から楽しめば、時間に追われていたそれまでの生活が嘘のように思えてくる。

自分には夕陽を眺める暇もないと感じたら、もう一歩考えを進めてみよう。忙しいときほど、夕陽を眺めるゆとりが大切だということに気づくはずだ。余裕のない心で何時間もせかせか働きつづけるより、十分間だけ時間をとって夕陽を眺めたほうが結局は自分のためになる。時間の流れが、それまでとは驚くほど変わったことを実感するに違いない。夕陽を楽しむ回数が増えれば増えるほど、人生にゆとりが生まれる。

さらに、八〇対二〇の法則を十分に活用して、重要度の低い活動を減らせば、本当に大切な活動のためにもっと多くの時間が使えるようになる。

ペースを落としてゆっくり人生を楽しむことについて、誰にもいい訳する必要はない。なかには文句をいう人や批判する人もいるだろうが、そこがまた愉快なところだ。

ナマケモノが「幸せなお金持ち」になるために⑫1

仕事を離れたら、自分が好きなことだけをしよう。たとえば、気の合った仲間といっしょに過ごす。自分がいちばん楽しめる活動に参加する。好きになれない人たちや活動とはかかわりを持たない。あたりまえのようだが、実践している人は少ない。

身辺の雑用を自分で片づけるほど人生は長くないから、人を雇ってやらせよう。
わたしがそう決意したのははるか昔のことだ。
――W・サマセット・モーム――

自分ではパンにバターも塗りません。それは料理の一部ですから。
――キャサリン・セブリアン――

つねに余力を残して行動の予定を立てよ。
――バーナード・バルーチ――

家事で死ぬ人間はいないと言うのなら、試してみれば？
――フィリス・ディラー――

多くを成しとげる最短の方法は、一度にひとつずつ片づけていくことだ。
――サミュエル・スマイルズ――

たくさんの可能性を考え、ひとつを実行せよ。
――ポルトガルの諺――

成功とは、得意なことだけを自分で行ない、あとは他人に任せること。
――S・ゴールドスタイン――

完璧とは、つかまえようとすると逃げていく蝶のようなもの。
追い求めるのをやめると、幸せが手に入りやすくなる。
――ヘレン・ケラー――

完璧にやろうと思ったら、家事は死ぬほどの重労働よ。
――アーマ・ボンベック――

暇であることを恥じる必要はない。資源の無駄づかいを避ける効率的な生きかただ。
――ジュリア・スウィガム――

行動が役立たなくなったら情報を集めなさい。情報が役立たなくなったら一休みしなさい。
――アーシュラ・K・ル・グウィン――

やる以上は最高の結果を出す。苦手な分野には最初から手を出さない。
――作者不明――

人間は無用なものを手に入れるために、ひたいに汗して働く。
――セネカ――

一日という時間には、どんな金持ちも無駄にできないだけの価値がある。
――作者不明――

永遠にこすられて消えてしまうより、錆びついて死ぬほうがましだ。
――ウィリアム・シェイクスピア――

時間の使い方がうまいのは、まっとうな精神の持ち主である何よりの証拠。
――サー・アイザック・ピットマン――

第6章

成功の喜びは
そこに至るまでの過程にある

急がば回れ

人間なら誰しも、ビル・ゲイツやオプラ・ウィンフリーをはるかにしのぐ大金持ちになってみたいと夢見ることがあるだろう。

ピューリツァー賞やノーベル賞、あるいはアカデミー賞やトニー賞、はたまたジューノ賞やエミー賞の栄冠に輝く自分の姿を想像する人もいるかもしれない。栄光や名声にあこがれるのは自由だが、ある朝目を覚ましたら一躍ときの人になっていたなんてことは現実には起こらない。肩の力を抜いてゆったりとかまえないかぎり、成功は手に入らないのだ。

人生の目的はてっとり早く富と名声を得ることではない。それでも、ＡＢＣテレビのクイズ番組『百万長者になりたいか？（Who Wants to Be a Millionaire ?）』の大人気は、手段を選ばずに今すぐ富と名声を手に入れたいと願っている人がいかに多いかを示している。

〝最小の努力で一刻も早く〟というのがこの種の人たちの合い言葉らしい。

現代社会には、誰でも簡単に成功できるという幻想が蔓延している。ことに、独創力を元手に成功を収めた人たちは、はた目からはいとも簡単に富と名声とを手に入れたように思われがちだ。すばやい成功を夢見て、人々は富と名声への近道を模索しつづける。

しかし、目先の利益だけを追い求めていると、後々に高価な代償を支払うはめになる。楽して成功しようという生きかたは、破滅への一歩であるだけでなく、成功からますます遠ざかることをも意味する。現代人の多くがそうであるように、あなたも早く金持ちになって会社を辞め、人生を思う存分楽しみたいと願っているかもしれない。

しかし、急いで金を儲けなければというあせりは、心身の健康にとって有害だ。精神的なストレスから健康を害するようなことになれば、経済的な損失も大きい。世界中の賢人たちが口をそろえて指摘するのは、愚かな者ほど先を急ぎたがるという事実だ。

ナマケモノが「幸せなお金持ち」になるために⑫

しつこいようだが、もう一度いおう。
どんな活動にかかわるべきか、慎重に選択すること。
広く浅くでなく、本当に重要な活動に時間とエネルギーを注ごう。
このやりかたを身につければ
予想をはるかに上まわる成功と幸せが手に入る。

人生の目標がなんであれ、英国の劇作家トーマス・シャドウェルの次の言葉を胸に刻んでおいて損はない。

「愚か者が急ぐと、いちばん時間がかかる」

いたずらにあせっても、人生の究極の目的である充実感や健康、そして心の平和や満足感は遠のいていくばかりだ。

充実感や心の安定をもたらす成功を自分のものにするには、行動と同時に忍耐が不可欠だ。あせりが生じると目的地へ到達しにくくなり、たとえ到達できても、必要以上に長い時間がかかる。過程でなく目標そのものしか目に入らなくなると、成功はおぼつかない。

荘子による次の詩は、過程でなく結果だけに気を取られることの危うさを教えている。

勝利への執着

無心に矢を放ったとき
射手の力は余すことなく発揮される
真鍮の飾りものを目当てに矢を放ったとき
射手の心はすでに張り詰めている
褒美の金を目当てに矢を放ったとき

その目は光を失っている
あるいは的が二重に見えている
平静さを欠いているせいだ
技量が変化したわけではない
褒美が射手の心を乱すのだ
心を占めるのは勝利を収めることのみで
弓を射るのは二の次となる
勝利への執着が
射手の力を奪うのだ

ナマケモノが「幸せなお金持ち」になるために(123)

あなたは急ぎ足で成功を追い求めていないだろうか？
成功に値するものが自分のなかに育っているかどうか
もう一度見直してほしい。

〝幸せなお金持ち〟は、あせって成功を求める必要がない。本当に急を要することがらなど、そうそうあるものではないからだ。ゆったりとものごとに取り組むことによって、創造力を最大限に活かすことができ、ひいては世の中に役立つ人間になれる。

アイデアを形に変え、いつかは莫大な富を手に入れることも可能だ。逆説のように聞こえるかもしれないが、成功に対する気負いがなくなると、いつしか成功はあなた自身の手のなかにある。

何より大切なのは成功そのものではなく、そこに行き着くまでの過程を楽しむことだ。途中で道草を食い、冒険するのもいい。

ゆったりと歩んで創造力をさらに伸ばせば、まっすぐ突っ走っているだけの人たちには見えない金儲けの方法がきっと見えてくる。

自分の周囲で何が起こっているかを冷静に観察できるようにもなる。

人生とはそういうものだ。現在も、そして未来も……。

〝幸せなお金持ち〟への道を選ぶのは、浅はかな兎でなく、利口な亀になるのと同じだ。浅はかな兎は少しでも多くの名声と富を手に入れようと駆けずりまわり、幸せという名の目的地に向かってなりふりかまわず突き進む。

一方、利口な亀は少しもあわてない。
名声や富は幸せを意味しないと理解しているからだ。
彼らは幸せという名の目的地にすでに到着している。
幸せとは、現在自分が持っているものに心の安らぎと充足感を見出すことだ。

ナマケモノが「幸せなお金持ち」になるために ⑫④

第一の法則
どうでもいいことに無駄な時間を使わない。
そうすれば、本当に重要なことだけが残る。
第二の法則
目標が定まったら、あせらずにゆっくり取り組むこと。

単純なものを複雑にすることをやめれば、人生は楽勝

なにごとも小むずかしく考えずにあるがままに受け取れば、人生はきわめて楽になる。ところが、何かをするうえで簡単な方法と困難な方法を示されたとき、人間はえてして困難なほうを選びがちだ。

そんなばかなと思われるかもしれないが、適当なものが近くに見あたらない場合は、手間暇かけて困難な方法を考えだす人さえいる。

人生をこれ以上ややこしくする必要はない。機会さえ与えられれば、われわれに代わって苦労を引き受けてくれる物好きはいくらでもいる。

それに、わざわざ厄介な問題をつくりださなくても、人生に予期せぬできごとはつきもので、そうした折りに人間は独創力の有無を試されることになる。

アルバート・アインシュタインはこう述べている。

「ものごとはすべてできるだけ単純にすべきだ。とはいっても、ものには程度がある」

人生を単純にし過ぎる人たちについて心配する必要はない。問題はその反対のグループだ。

みずからの手で人生を複雑にしておきながら、なぜ自分の人生にはこんなに多くの問題があ

るのかと悩んでいる人が世の中には大勢いる。

人間が不要な問題をかかえ込みたがる理由は、哲学者や精神科医にも謎だ。私生活や仕事において、単純な問題をあらゆる手段を用いて複雑なものにする一部の人々の熱意には、まさに驚くべきものがある。

なにしろ、何の役にも立たないことに多くの金や時間や労力を注ぎ込み、得るところのない相手と付き合いたがるのだから。

すべてとはいわないまでも、かなりの人にはマゾ的傾向があるのではないか。

ナマケモノが「幸せなお金持ち」になるために ⑫⑤

世の中には、必要以上に人生を複雑にする人間が多い。
単純なことを複雑にするのは愚か者でもできる。
だが、複雑なことを単純にするには知恵が必要だ。
どちらになるかはあなたしだい。

生涯のどこかの時点で、われわれは自分の人生を信じられないほど複雑かつ困難にしてしまいがちだ。自分の手で買い集めたあらゆる品に埋もれ、仕事がらみの人間関係や家族の問題に悩み、そしてさまざまな考えや感情の波間で溺れそうになる。

いろいろなことに手を広げ過ぎて、本当に大切なことは何ひとつ達成できない。

しかし、人生をむやみに複雑にすることをやめれば、けっこう快適に毎日を送れるものだ。

あなたがつねに多くの荷物を持ち歩かなくては気がすまない性分なら、身軽になって人生を歩むすべを覚えたほうがいい。

時間や場所や金や労力を奪う数々の重荷を今すぐに捨て去るのだ。

さっそく今日から、人生をシンプルなものにつくり変えよう。

手始めに、充実した人生の妨げになる人たちとの付き合いを断ち、不要なものを捨てること。

〝幸せなお金持ち〟となって人生から最大限の楽しみを引きだすには、身のまわりの不要なものを定期的に点検する習慣が不可欠だ。

八〇対二〇の法則を仕事にも私生活にも大いに活用しよう。

自分にとってもはや価値がないと思うものを書きだしてリストにするのだ。

友人たちの意見を聞くのも、自分では気づかない点に目を開かせてくれるという点で参考になる。

「荷物を持ったまま岸まで泳ぎつける者はいない」といったのはローマの哲学者セネカだ。目的地がどこであれ、重過ぎる荷物を持ったままでは到着できない。

列車でも航空機でも、余分の荷物は超過料金を取られる。

人生という旅において、余分な荷物のために支払わねばならない代償は金だけではない。願った時期に目的地に到達できないのはまだいいほうで、悪くすれば、永遠にたどりつけないかもしれない。

楽しくて充実した人生がますます遠のいていくばかりか、しまいには正気を失ってしまう場合もある。

ナマケモノが「幸せなお金持ち」になるために⑫⑥

人間、欲張ってはいけない。
ひとつでは物足りないが
ふたつでは多過ぎるものが世の中にはいろいろある。
代表的なのは恋人の数だが、そのほかさまざまなことにもあてはまる。

羨望とは、自分以外の人が幸せに見えるという幻想である

経済学者の説によると、すべての人間の心には飽くことのない欲望が存在するそうだ。それが事実なら、幸せは絵に描いた餅だ。誰も手に入れることができない。

それでも、〝幸せなお金持ち〟をはじめとして、世の中には満ち足りた表情で暮らしている人間がたくさんいる。

つまり、欲望のすべてが満たされなくとも、幸せは手に入るのだ。

大多数の人にとって理想的な人生とは、自分以外の人の生きかたである。

フランスの諺にあるように、〝いちばんほしいのは、その場にはない品〟なのだ。

彼らをひどく落ち込ませるのは、ほかの人たちはみんな幸せに暮らしているはずだという誤った思い込みだ。どういうわけか、世間の人たちは自分より恵まれていると信じているらしい。

ところが実際は大違い。

作家のジョーゼフ・ルーはこう説明している。

「わたしは自分が持っていないものを見て不幸な人間だと感じる。他人はわたしが持っているものを見て幸せなやつだと思う」

周囲の人たちがあなたより楽で幸せな人生を送っていると思い込む気持ちも、ある程度、理解はできる。

あなたより大きな家に住み、高級な車を乗りまわし、高価な服に身を包み、条件のよい職場で働き、魅力的な恋人と付き合っている友人や知人は周囲にいくらでもいるだろうし、セレブの華やかな生活ぶりは垂涎《すいぜん》の的だ。

だが、その人たちが本当に幸せかどうかは別問題。

彼らは彼らで、自分にはないものを持っている人をうらやんでいるかもしれない。

ナマケモノが「幸せなお金持ち」になるために ⑫⑦

何が重要か、それを見きわめよう。
同様に、何が不要かを見きわめよう。
不要なものを捨て、重要なことだけに集中する。
そうすれば、成功間違いなしだ。

人生を最大限に楽しむコツは、他人をうらやまないことだ。

羨望とは、自分以外の人が幸せに見えるという幻想にすぎない。

はたからはなんの不満もないように見える人が、われわれより幸せな生活を送っているとはかぎらない。

歌手で女優のバーブラ・ストライサンドはこういっている。

「わたしをうらやむのはやめて。こっちにはこっちの悩みがあるのよ」

リッチな有名人は往々にして多くの問題をかかえているので、彼らをうらやむのはあまり賢明なことではない。

誰かをうらやむなら、いっそのこと、貧しい暮らしのなかに幸せを見出している人にすべきだ。

そういう人には、何かしら見習うべき点がある。

もうひとつ忘れてならないのは、羨望や嫉妬は何の役にも立たないという事実だ。

むしろ、軽蔑や憎しみという負の感情を呼び起こし、人生の重荷となって人を苦しめる。

詠み人知らずのこんな言葉もある。

「嫉妬とは酸のようなものだ。放置しておくと容器までぼろぼろになる」

どんなにがんばっても、嫉妬や羨望を胸に抱いたままで幸せになることはできない。

嫉妬と不幸は手に手を取ってやってくる。誰かひとりをうらやむだけでも大間違い。

他人の所有物に見とれたところで、得るものは何もない。他人と自分を比べても、待っているのは幻滅や失望だけだ。しまいにはほかの人たちが実際以上に幸せそうに見えてきて、自分をみじめに感じるのが落ちだろう。

どうしても他人と比較したいなら、逆の見かたをしてみることだ。もしも自分がシエラレオネやアフガニスタンなどの、貧困や紛争の絶えない国に生まれていたらと想像してほしい。

ナマケモノが「幸せなお金持ち」になるために ⑱

成功には注意が肝心。
期待し過ぎてはいけない。
成功は不幸や落胆の元凶にもなりうる。
こんなはずではなかったと後悔しても手遅れだ。

両国を含む世界の二十カ国では、深刻な栄養失調や多発する犯罪のせいで平均余命が四十八歳にも満たないのだ。

この問題に関して、ヘレン・ケラーは次のように述べている。

「自分より多くを持っている人と比較するのでなく、地球上に住む大多数の人たちと比較してください。そうすれば、自分がいかに恵まれた環境にいるか理解できるでしょう」

他人がうらやましく思えたら、肩の力を抜いて、これまで自分が出会ってきた幸運の数を指折り数えてみよう。

少なくとも週に一度は、ほかの国でなく、自分の国に生まれた幸運に思いを馳せよう。

周囲のみんなが持っている何かを買うだけの資力がなくて自分がみじめに思えたら、あなたと立場を変わりたいと願っている人たちが地球上には数え切れないほど存在することを思いだしてほしい。

現在の境遇がいかに恵まれているかに気づくと、ものの見かたが驚くほど変化する。

「現在持っているものを一度すべて失い、それをふたたび自分の手に取り戻せたとしたら、どれほど幸せに感じるか想像してみることだ」という言葉もある。

あなたが現在持っているもの——健康であれ、家庭であれ、友人であれ、ＣＤのコレクションであれ、知識であれ、独創力であれ——を時間をかけて味わうようにすれば、他人をうらやんでいる暇などなくなるだろう。

幸せをつかむ秘訣は、人生のさまざまなできごとに感謝の気持ちを抱くことだ。

感謝すべき材料にはこと欠かないはずだ。

参考のために、オプラ・ウィンフリーが実践している方法をご紹介しよう。

「感謝の日記をつけるのです。毎日、一日の終わりに、その日起きた楽しいできごとを少なくとも五つは書き留めましょう。嫉妬や羨望はいつのまにか過去のものになり、自然と幸せな気持ちが湧いてきます」

ナマケモノが「幸せなお金持ち」になるために ⑫⑨

現実に手にしている成功だけが、真の成功といえる。
過去の栄光に浸るのもいいし
希望に満ちた明日を語るのもいいが
今日を生きていることを忘れてはならない。

時間とは、人間が何より必要としながら、何より粗末にしているものだ。
── ウィリアム・ペン ──

いちばん素敵な時間の使い方は、浪費すること。
── マルグリット・デュラス ──

本当に重要なことなど何もない。ほとんどは一顧の価値もないことばかりだ。
── バルフォア伯爵 ──

人生を愛するなら、時間を浪費してはならない。人生とは時間の集積である。
── ベンジャミン・フランクリン ──

慎重に、ゆっくりと進むのだ。
急ぎ過ぎるとつまずく。
── ウィリアム・シェイクスピア ──

真に教養のある人間は、決してことを急がない。
── ウィル・デュラント ──

人間は人生の複雑さに苦しむ一方で、単純なものを嫌う。
── ノーマン・ヴィンセント・ピール ──

偉大なものはおしなべて素朴な一面を持つ。
── レフ・トルストイ ──

なんでもあり過ぎるといやになる。
── 作者不明 ──

十分な量を与えられても文句を言う者は、どれだけ多くを手にしても満たされない。
── エピクロス ──

わずかなものしか持たずに生きられる人ほど豊かである。
── ヘンリー・デイヴィッド・ソロー ──

雑念を捨てさり、澄みきった心を持てたなら、それが人生最良のとき。
── ウーメン・クアン ──

人生をすっきりさせるコツは、不要なものを排して、必要なものだけに耳を傾けること。
── ハンス・ホフマン ──

なにごとも、実現するまでがいちばん楽しい。
── ジョージ・エリオット ──

人生は短い。生きているあいだに楽しもう

少し前の『グローブ・アンド・メール』紙に、大腸癌のために五十一歳で亡くなったリチャード・イスラエルスという人の言葉が紹介されていた。

バンクーバーで暮らしていたイスラエルス氏は、人生最後の数カ月になっても、わが身の不運を嘆かなかった。

ナマケモノが「幸せなお金持ち」になるために130

控えめに生きよう。
控えめに笑おう。
控えめに愛そう。
そうすれば、幸せが両手を広げてやってくる。

活力と熱意にあふれた彼の人生は、短くはあってもじつに充実したものだった。亡くなる直前、彼はこういい残したのだ。

「ともかくやるだけのことはやった。思い残すことは何もないよ」

思い残すことが何もないといい切れるのは、自分にとって本当に大切なものを追い求めてきた人間だけだ。

幸せで充実した人生であったかどうかは、時間的な長さでなく中身の濃さによって決まる。四十五歳という若さで世を去っても、九十歳や百歳まで長生きした人より本当の意味で生を満喫した人もいる。

現在のあなたがストレスと苦痛の生きた見本のような人生を送っているとしたら、「べつに楽しくはないが、早死にするよりましだろう」といい張っても、まるで説得力がない。楽しくもないのに長生きする意味があるだろうか。

もっとも、ストレスだらけの毎日を送っているなら、老後の長い時間の使いかたについて悩む必要はおそらくないだろう。

退職時まで命がもつかどうか自体が疑わしい。

「死の間際になって、本当の意味で生きていなかったことに気づいたらと思うとぞっとする」

というヘンリー・デイヴィッド・ソローの言葉を、われわれは警告として受けとめるべきだろう。

六十五歳以上の老人の多くが、それまでの人生を悔やんでいるという。

その理由は、人生の優先順位を誤ったことだ。

どうでもいいことに時間を取られて、本当にやりたいことをしてこなかったことが大きな後悔の種になる。仮に、あなたが余命一カ月と宣告されたとしよう。

「神様、お願いです。もう一度チャンスをくださるなら、人生を決して無駄にはしません」というあなたの嘆願に対して、神はこう答える。

ナマケモノが「幸せなお金持ち」になるために ⑬①

周囲を見まわしてみよう。
人生には苦労がつきもので
幸せをつかむのは容易ではないと思えるかもしれない。
ところが、事実は違う。
前向きな態度と、そこそこの独創力さえあれば
この世を至福の地に変えられる。

「いいだろう、もう一年あげるから、自分が本当にやりたかったことをやりなさい」

この場合、肝心なのは、残された一年で何をすべきかだ。興味のある活動をリストにしてみるといいだろう。

リストが完成したら、財布に入れていつも持ち歩き、自分にとって何が大切かをつねに忘れないようにする。

そして、あとあと後悔することのないように、書きだした活動を可能なうちに実行に移すのだ。

旧ソ連の首相を務めたニキータ・フルシチョフが含蓄のある言葉を残している。

「人生は短い。大いに楽しめ」

さっそくあなたも今日から、毎日がこの世で最後の日だと思って生きてみるといい。

いよいよ旅立つ日がきたとき、思い残すことは何もないと思えるはずだ。

たとえ一年でも、充実した一年になることは間違いない。

結局のところ、幸せな一生とは、小さな幸せの積み重ねだ。

仕事と遊びの適度なバランスも重要な要素である。

今は仕事が忙しいからほかのことはすべてお預けというのは、退職するまでセックスはお預けというのと同じで、ナンセンスきわまりない。

もうひとつ大切なのが、将来についてくよくよ悩まないこと。

現在より豊かな未来を望むなら、現在をよりよく生きるべきだ。

忙しい日々の営みのなかで、持って生まれた才能や心の奥ではぐくんできた夢をなおざりにしていないか、謙虚に振り返っていただきたい。

真の友情をおろそかにしていないか、心に残る書物を味わって読んだり、芸術に親しんだりする時間をあとまわしにしていないか、つねに点検する姿勢が必要だ。

人生には、仕事も経済状態も人間関係も思うようにいかないときがあるだろう。


ナマケモノが「幸せなお金持ち」になるために⑬²

本書を読み終えたあとも、勤勉は美徳だと信じている方や世俗的な成功にあこがれている方は、どうぞご自由に。

ただ、富や名声を追い求めるあまり自分を見失うことのないようにくれぐれもご注意を。

夢がかなったあとは何を楽しみに生きていくのか参考のために教えてほしい。

だが、愚痴をこぼしてもはじまらない。ものごとを悲観的に見ていると、運はますます遠ざかっていく。世の中の悪い面に目を向けるのでなく、よい面に注目しよう。

何かにつけ文句をいったり批判したりするのが習い性になっている人は、文句をいう時間の四倍を、ものごとのよい面を発見し感謝の気持ちを表わすことに費やす努力をしてみよう。なぜなら、人生で起こるできごとの八十パーセントは喜ばしいものだからだ。

豊かな将来を迎えるために、現在の生活を切りつめることはやめたほうがいい。考えてもみてほしい。

十分な資産が貯まったころには、もう楽しむだけの余力が残っていないかもしれない。年老いても健康でいられるかどうか、誰にもわからないのだ。健康な老後を迎えられたとしても、金品で幸せは得られないと気づかされるだけかもしれない。

マザー・テレサ、ダライ・ラマ、ネルソン・マンデラ、マハトマ・ガンディーなどの、世界の偉人たちの生きかたに注目することも参考になる。

いずれも、みずからはつましい生活を送りながら、喜びに満ちた人生を貫きとおした人たちだ。彼らが追い求めたのは自身の幸せや快適さではない。

世の中のために尽くすという崇高な目的を追求することによって、彼らは自己実現をはたしたのだ。

人生の喜びは、金や権力や地位からは得られない。

やりがいのある何かに全力を尽くしたとき、人ははじめて生きる喜びを肌で感じることができる。

仕事であれ趣味であれ、本当に打ち込める何かを持つこと自体が生きがいになるのだ。

どんな職業についても、どれほど莫大な富や名声を得ても、心身ともに健康で楽しい毎日を送れなければ意味がない。

心の安らぎや健康より大切なものがこの世にあるだろうか。

ナマケモノが「幸せなお金持ち」になるために ⑬③

富と名声を追求する道を選んだ方は
マイケル・プリチャードが残した次の名言を胸に刻んでいただきたい。
〝あなたがどんなに裕福だろうと有名だろうと偉大だろうと
葬儀の参列者の数は天気しだいだ。〟

幸せとは目的地でなく道程だということを忘れてはいけない。

それは、すぐれた仕事を行ない、健康を維持し、課せられた義務をはたし、目標に向かって努力し、運命を受け入れ、世界の人々を愛し、感謝の心を示し、自分以外の人の幸せのために手を貸したときに生まれる副産物なのだ。

地上の楽園を実現させることこそ、人生の目的であるべきだ。

禅の教えにも、楽園を待ち望むのは誤りだとある。現世こそが楽園なのだ。

つまり、今現在手にしているものがあなたの人生なのである。

いやならどうぞご自由に。

といっても、人生から降りるわけにはいかない。

だからこそ最大限に活用して、よいものにすべきなのだ。

そうすれば、本当に天国に行ったときにまごつかなくてすむ。

あなたの新しい人生は今から始まる。

新しい人生は、これまでよりはるかに充実したものになるはずだ。

目標は、人生のすべてを楽しむこと。

そうでなければ生きている甲斐がない。

あなたの周囲は生命に満ちあふれている。

五感を働かせて、生きている喜びをわがものにするのだ。

人生の声に耳を澄まそう。姿を目に収めよう。

口に含んで味わおう。香りを楽しもう。手で触れてみよう。

大事なのは、あなた自身にとっての成功を手に入れること。ただし、あせってはいけない。

コスタリカの漁師を見習って、ゆったりと満ち足りた毎日を過ごすよう心がけよう。

あなたがどんな成功を夢見ているにせよ、夢がかなった瞬間より、そこにいたるまでの過程のほうがなおさら楽しく感じられるはずだ。

そう感じられたら、あなたのやりかたは間違っていなかったということになる。

ナマケモノが「幸せなお金持ち」になるために ⑬④

最後にひと言。

少なくとも週に五日はゆっくりと朝食を楽しめなければ成功者とはいえない。

あなたが成功と思っているものは、たんなる見せかけにすぎない。

現実が期待を上まわることはない。人生とはそういうものだ。
──シャーロット・ブロンテ──

持てるものに満足し、
すべてをあるがままに受け入れる。
欠けているものはないと気づいたとき
真の幸せを得ることができる。
──老子──

陽気な曲を奏でれば、陽気な踊り手たちがあなたの旅に加わる。
──サディアス・ゴラス──

充実した人生は長寿にまさる。
──セネカ──

真に幸せなのは、今日を己れのものと呼びうる人間だけだ。
揺るぎない自信に支えられた者はこう言い放つことができる。
明日よ、おまえの最悪をなせ。わたしは今日を十全に生きた。
──ジョン・ドライデン──

一生懸命働けば、いまに楽ができる。
ぶらぶらしてれば、いま楽ができる。
──落書きより──

朝早く起き、夜遅く休み、辛苦の糧を口するのは無益なことだ。
主は愛する者に安らかな眠りをお与えになるのだから。
──新約聖書『詩篇』百二十七章二節──

財産を持ったまま死ぬのは、人生を無駄に過ごしたしるし。
──ジッドゥ・クリシュナムルティ──

生きているうちに楽しんでおけ。死んでからのほうがずっと長いのだ。
──スコットランドの諺──

［著者紹介］

アーニー J．ゼリンスキー（Ernie J. Zelinski）

コンサルタント、講演家。
12 カ国語で翻訳された国際的ベストセラーである『働かないことのススメ』（講談社）の著者として知られる。ビジネスとレジャーに創造力を活用する方法について講演、執筆活動を続けている。著書に『スローライフの素 602』（ヴォイス）、『今日が楽しくなる魔法の言葉』（ダイヤモンド社）等がある。

［著者紹介］

前田 曜（まえだ・よう）

東京生まれ。翻訳家。
英米文学・ミステリーの他、映画・ダンス関係の翻訳を専門とする。

ナマケモノでも「幸せなお金持ち」になれる本

発行日	2003 年 11 月 24 日　第 1 版　第 1 刷　発行
	2014 年　3 月 20 日　第 1 版　第 5 刷　発行
著　者	アーニー J．ゼリンスキー
訳　者	前田曜
発行人	原田英治
発　行	英治出版株式会社
	〒 150-0022　東京都渋谷区恵比寿南 1-9-12 ピトレスクビル 4F
	電話 03-5773-0193　FAX 03-5773-0194
	http://www.eijipress.co.jp/
装　幀	WAKA
校　正	宮本麻由
印刷・製本	中央精版印刷株式会社
スタッフ	原田涼子　高野達成　岩田大志　藤竹賢一郎　山下智也
	杉崎真名　鈴木美穂　下田理　原口さとみ　田中三枝
	山本有子　中野瞳　茂木香琳　木勢翔太　上村悠也　平井萌

ISBN978-4-901234-40-5　C0030　Printed in Japan